HIDDEN TRIVIA BIBLE
Word Searches

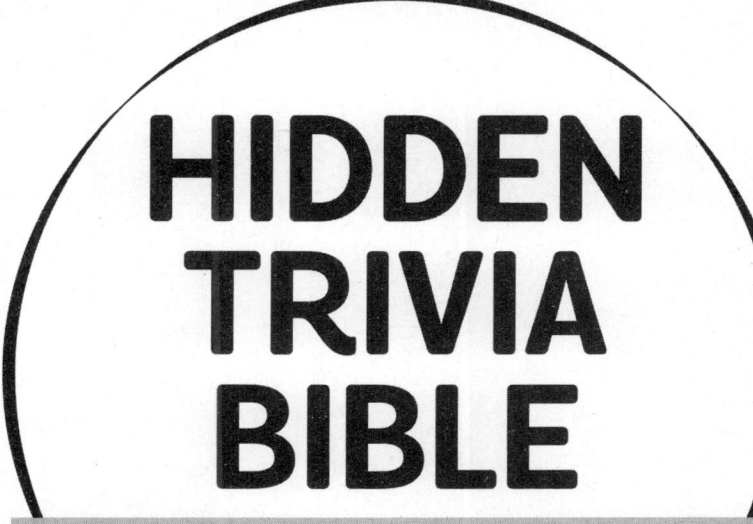

HIDDEN TRIVIA BIBLE
Word Searches

100 Puzzles Plus Bonus Q&A!

BARBOUR
PUBLISHING

© 2023 by Barbour Publishing, Inc.

ISBN 978-1-63609-715-2

Puzzles designed using licensed Word Search Maker™ software.

All rights reserved. No part of this publication may be reproduced or transmitted for commercial purposes, except for brief quotations in printed reviews, without written permission of the publisher. Reproduced content may not be used on the World Wide Web.

Churches and other noncommercial interests may reproduce portions of this book without the express written permission of Barbour Publishing, within the following limitations: No more than one puzzle per month in a physical publication made for free distribution (for example, church bulletins, club newsletters, etc.). When reproducing text from this book, include the following credit line: "From *Hidden Trivia Bible Word Searches*, published by Barbour Publishing, Inc. Used by permission." Puzzles may not be reproduced electronically.

All scripture quotations are taken from the King James Version of the Bible.

Published by Barbour Publishing, Inc., 1810 Barbour Drive, Uhrichsville, Ohio 44683, www.barbourbooks.com

Our mission is to inspire the world with the life-changing message of the Bible.

Printed in the United States of America.

WELCOME TO HIDDEN TRIVIA BIBLE WORD SEARCHES!

If you like Bible word searches, you'll love this book. Here are 100 challenging puzzles to expand your Bible knowledge and test your word search skills, as thousands of search words—each one selected from the King James Version of the Bible—await your discovery. And there's a bonus: In each puzzle the leftover letters spell out a bonus trivia question to challenge your memory of the scripture!

Each puzzle features a scripture passage with the search words printed in **bold type**. When a phrase is **bold and underlined**, those words will be found together in the puzzle grid. Once you've found all the search words, begin at the top left-hand corner of the puzzle and read the leftover letters in order—they'll spell out the trivia question that adds to the fun. If you run into the letter "X" repeated, the question is complete.

Answers—for both the puzzles and the trivia questions—appear at the back of the book.

We know you're eager to get started, so just one final word: *Enjoy!*

THE GENEALOGY OF JESUS

Matthew 1:1–6

The **book** of the **generation** of **Jesus Christ**, the son of David, the son of Abraham. **Abraham** begat **Isaac**; and Isaac begat **Jacob**; and Jacob begat **Judas** and his **brethren**; and Judas begat **Phares** and **Zara** of **Thamar**; and Phares begat **Esrom**; and Esrom begat **Aram**; and Aram **begat** Aminadab; and **Aminadab** begat **Naasson**; and Naasson begat **Salmon**; and Salmon begat **Booz** of **Rachab**; and Booz begat **Obed** of **Ruth**; and Obed begat **Jesse**; and Jesse begat **David** the **king;** and David the king begat **Solomon** of her that had been the **wife of Urias.**

```
W R A C H A B G H A T N I S T
H E K W E L Z L N K O N O W N
A N O P R O N O P I E R N A O
R M O B O A E O T O K F T H M
A S B B E E B A S J E M O B L
M E T H E D R R A S A S E R A
O R F S O E N C A R A G R L S
O A M O N N O E A H A A A O N
D H W E J B I Z R T A F N I M
E P G E D I V A D H O M F S R
J E S U S C H R I S T U R A U
I S A S X X S A D U J E M A T
E B A D A N I M A V T K R C H
M S A I R U F O E F I W T B M
T H A M A R L S O L O M O N R
```

HIDDEN TRIVIA QUESTION:

____ __ ___
____-_____
_____ ____ __
___ _____ __
_____ ___ ____
__ _____?

2
GOD AND ELIJAH

1 Kings 19:8–12

And he arose, and did **eat** and **drink**, and went in the **strength** of that **meat forty days** and forty **nights** unto **Horeb** the **mount of God**. And he came **thither** unto a **cave**, and lodged there; and, behold, the word of the Lord came to him, and he said unto him, What doest thou here, **Elijah**? And he said, I have been very **jealous** for the Lord God of hosts: for the **children** of **Israel** have **forsaken** thy **covenant**, thrown down thine **altars**, and slain thy **prophets** with the **sword**; and I, even I only, am left; and they **seek** my life, to take it away. And he said, Go forth, and **stand** upon the mount before the Lord. And, **behold**, the Lord **passed** by, and a great and **strong wind** rent the mountains, and brake in pieces the **rocks** before the Lord; but the Lord was not in the wind: and after the wind an **earthquake**; but the Lord was not in the earthquake: and after the earthquake a **fire**; but the Lord was not in the fire: and after the fire. . .

```
S T R E N G T H D E S S A P W
E H A J E A L O U S D T C A H
R M E A C F G T E R R R T A H
I E F M I H R N O E I A J N F
F A R P E T I W O N H I T O R
A S E E T A S L I R L H R L E
B E R O H E T G D E T S F C A
S S E E K T H A T R A S O C R
T I K O S T I M P K E V R B T
E S L C S T K H E E E N T E H
H R T E O N A N T N D S Y H Q
P A T H I R I N A S N E D O U
O E P R A S S N D A I V A L A
R L D G E X T X J L W A Y D K
P D O G F O T N U O M C S R E
```

HIDDEN TRIVIA QUESTION:

_ _ _ _   _ _ _ _   _ _ _ _ _

_ _ _   _ _ _ _   _ _   _

_ _ _ _ _ _   _ _ _ _

_ _ _ _ _ _ _ _ _   _ _ _ _

_ _ _ _ _ _ _ ?

Jonah 4:1–6

But it **displeased Jonah** exceedingly, and he was very **angry**. And he **prayed** unto the Lord, and said, I pray thee, O Lord, <u>**was not this**</u> my **saying**, when I was yet in my **country**? Therefore I **fled** before unto **Tarshish**: for I knew that thou art a **gracious God**, and **merciful**, <u>**slow to anger**</u>, and of great **kindness**, and repentest thee of the **evil**. **Therefore** now, O Lord, take, I **beseech** thee, <u>**my life**</u> from me; for it is better for me to die than to live. Then said the Lord, Doest thou well to be angry? So Jonah went out of the **city,** and sat on the <u>**east side**</u> of the city, and there made him a **booth**, and sat under it in the **shadow**, till he <u>**might see**</u> what would become of the city. And the Lord God prepared a **gourd**, and made it to come up over Jonah, that it might be a shadow over his head, to **deliver** him from his **grief**. So Jonah was exceeding **glad** of the gourd.

```
W H M E R C I F U L A T G C I
T E R O F E R E H T Y Y R S H
Y R T N U O C A A B T F A D T
R B O O T H N H E I E Y C M W
E E R E L O D S C I I U I I A
G C T H J A E N R N D G O G S
N T E S J E S G G O O L U H N
A S A I C R A N G R Y A S T O
O S S H N E E E A H B D E S T
T E T S W V L E F P D N C E T
W N S R O I P G A I R E L E H
O D I A D L S L O E L A L L I
L N D T A E I O E U V Y Y F S
S I E D H D D R T O R I M E P
R K E A S C H D T O X D L X D
```

HIDDEN TRIVIA QUESTION:

_ _ _ _ _ _ _ _ _ _ _ _ _ _
_ _ _ _ _ _ _ _ _ _ _ _ _
_ _ _ _ _ _ _ _ _ _ _ _
_ _ _ _ _ _ _ _?

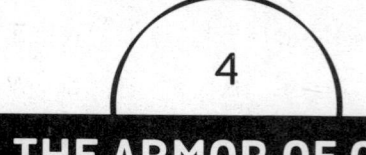

THE ARMOR OF GOD

Ephesians 6:11–17

Put on the **whole armour** of God, that ye may be able to **stand** against the **wiles** of the **devil**. For we **wrestle** not against **flesh** and **blood**, but against principalities, against **powers,** against the **rulers** of the **darkness** of this **world**, against spiritual **wickedness** in **high places**. Wherefore take unto you the whole armour of God, that ye may be able to **withstand** in the **evil day**, and having done all, to stand. Stand therefore, having your **loins** girt about with **truth**, and having on the breastplate of righteousness; and your feet **shod** with the preparation of the **gospel** of **peace**; above all, taking the **shield** of **faith**, wherewith ye shall be able to quench all the **fiery darts** of the **wicked**. And take the **helmet** of salvation, and the **sword** of the Spirit, which is the **word of God**.

```
A  C  C  O  W  I  C  K  E  D  N  E  S  S  L
R  D  I  D  O  O  L  B  D  R  O  W  S  E  N
H  E  L  M  E  T  W  I  L  E  S  G  P  T  L
O  W  V  W  F  V  E  R  S  S  V  S  E  O  D
S  R  F  I  I  R  I  T  E  H  O  I  I  N  O
E  E  A  T  E  U  D  L  S  G  I  N  L  H  G
C  S  I  H  R  O  A  O  D  R  S  E  W  S  F
A  T  T  S  Y  M  R  D  H  A  E  O  L  F  O
L  L  H  T  D  R  K  S  O  U  Y  W  L  D  D
P  E  W  A  A  A  N  R  L  H  D  E  O  N  R
H  C  I  N  R  E  E  E  H  R  S  D  A  P  O
G  I  C  D  T  L  S  L  S  H  L  T  T  I  W
I  A  K  N  S  O  S  U  S  R  S  B  E  S  T
H  R  E  O  N  H  G  R  O  X  P  E  A  C  E
X  Q  D  M  M  W  K  W  R  H  T  U  R  T  L
```

HIDDEN TRIVIA QUESTION:

_ _ _ _ _ _ _ _ _ _

_ _ _ _ _ _ _ _ , _ _ _

_ _ _ _ _ _

_ _ _ _ _ _ _ _ _ _ _ _

_ _ _ _ _ _ ?

13

PEACE, BE STILL

Mark 4:35–40

And the same **day**, when the **even** was come, <u>**he saith**</u> unto them, Let us **pass** over unto the **other side**. And when they had sent away the **multitude**, they took him even as he was <u>**in the ship**</u>. And there were also with him other **little ships**. And there **arose** a <u>**great storm**</u> of **wind,** and the **waves** beat into the ship, so that it was <u>**now full**</u>. And he was in the **hinder** part of the ship, **asleep** on a **pillow**: and they **awake** him, and say unto him, **Master,** carest thou not that we **perish**? And he arose, and **rebuked** the wind, and said unto the sea, **Peace,** <u>**be still**</u>. And the wind **ceased**, and there was a great **calm.** And he said unto them, Why are ye so **fearful**?

```
W  H  P  E  E  L  S  A  F  E  A  R  F  U  L
A  T  H  E  S  A  I  T  H  D  A  R  O  S  E
I  M  R  P  I  L  L  O  W  D  J  H  E  S  L
R  R  E  U  S  P  N  I  H  N  S  D  I  W  L
E  O  B  C  A  E  I  I  T  I  E  T  H  A  U
T  T  U  E  V  D  N  H  R  E  I  S  C  V  F
S  S  K  E  I  D  S  E  S  P  K  P  L  E  W
A  T  E  E  E  I  P  L  B  E  A  A  S  S  O
M  A  D  R  D  L  A  T  C  E  H  S  W  K  N
C  E  E  E  Y  D  T  T  H  O  S  T  S  A  S
E  R  W  A  A  T  C  I  A  T  E  T  N  P  U
A  G  S  I  D  E  D  L  T  H  H  C  I  I  E
S  I  R  F  N  E  A  R  X  E  X  H  A  L  X
E  M  L  A  C  D  H  K  Y  R  S  W  M  E  L
D  E  D  U  T  I  T  L  U  M  R  N  J  L  P
```

HIDDEN TRIVIA QUESTION:

____ ___ _____

_____ ___

_____ _____

____ _____ _____

____?

DESCRIPTION OF JESUS

Revelation 1:12–18

And I **turned** to see the **voice** that spake with me. And being turned, I saw seven **golden candlesticks**; and in the midst of the seven candlesticks one like unto the <u>Son of man</u>, clothed with a **garment** down to the foot, and girt about the paps with a golden **girdle**. His head and his **hairs** were **white** like wool, as white as snow; and his eyes were as a **flame** of fire; and his feet like unto fine **brass**, as if they **burned** in a **furnace**; and his **voice** as the sound of many **waters**. And he had in his right hand seven **stars**: and out of his mouth went a sharp **twoedged sword**: and his **countenance** was as the sun shineth in his **strength**. And when I saw him, I fell at his feet as dead. And he laid his right hand upon me, **saying** unto me, <u>Fear not</u>; I am the **first** and the **last**: I am he that **liveth**, and was dead; and, behold, I am alive for **evermore**, Amen; and have the **keys** of **hell** and of **death**.

```
E  L  D  R  I  G  S  A  Y  I  N  G  W  H  H
A  C  S  R  E  T  A  W  T  K  E  Y  S  M  T
C  F  N  A  N  G  O  L  D  E  N  R  E  C  E
E  A  I  A  I  V  B  R  A  S  S  E  D  T  V
E  H  N  R  N  I  S  P  B  O  R  W  E  G  I
T  S  R  D  S  E  F  U  V  U  D  I  A  L  L
I  T  V  I  L  T  T  O  S  R  R  R  A  I  S
H  R  D  O  E  E  I  N  O  S  M  N  E  H  O
W  E  E  F  V  C  S  W  U  E  R  M  E  N  N
O  N  G  U  E  D  S  T  N  O  A  A  H  D  O
F  G  D  R  R  E  J  T  I  L  C  E  T  L  F
L  T  E  N  M  N  E  S  F  C  C  U  A  S  M
L  H  O  A  O  R  S  C  H  I  K  S  E  R  A
E  I  W  C  R  U  S  T  O  X  T  S  D  X  N
H  R  T  E  E  T  Q  V  T  O  N  R  A  E  F
```

HIDDEN TRIVIA QUESTION:

_ _ _ _   _ _ _   _ _ _ _ _ _ _ _
_ _ _ _   _ _ _ _ _ _ _
_ _ _ _ _ _   _ _   _ _ _ _ _
_ _ _ _ _ _?

PSALM 23

Psalm 23:1–6

The **Lord** is my **shepherd**; I shall not want. He **maketh** me to lie down in green **pastures**: he **leadeth** me beside the <u>**still waters**</u>. He **restoreth** my **soul**: he leadeth me in the **paths** of **righteousness** for his name's **sake**. Yea, though I **walk** through the **valley** of the **shadow** of **death**, I will <u>**fear no evil**</u>: for thou art with me; thy **rod** and thy **staff** they **comfort** me. Thou **preparest** a table before me in the **presence** of mine **enemies**: thou anointest my head with oil; my cup **runneth** over. Surely **goodness** and **mercy** shall **follow** me all the days of my life: and I will **dwell** in the **house** of the Lord for ever.

```
S  S  S  E  N  D  O  O  G  L  L  E  W  D  W
H  H  O  F  P  R  E  P  A  R  E  S  T  I  S
H  V  T  F  C  O  O  P  D  M  A  M  S  O  N
T  A  L  A  Y  L  R  R  A  L  D  S  A  K  E
E  L  I  T  P  E  E  E  I  S  E  O  D  E  S
R  L  N  S  S  H  F  V  N  N  T  T  R  T  U
O  E  I  E  P  O  E  R  S  E  H  U  I  F  O
T  Y  N  E  L  O  U  U  I  S  M  L  R  E  H
S  C  H  L  N  N  O  D  H  A  L  I  S  E  T
E  S  O  R  N  E  H  A  E  W  A  U  E  T  S
R  W  A  E  T  H  D  O  A  R  L  U  O  S  O
F  E  T  H  W  O  T  T  H  M  A  K  E  T  H
F  H  G  I  W  A  E  S  P  H  T  A  E  D  S
A  I  L  M  X  R  L  X  N  J  M  E  R  C  Y
R  P  K  L  S  K  W  K  C  O  M  F  O  R  T
```

HIDDEN TRIVIA QUESTION:

___ __ _____
_____ __ ___
_____ __ ____
_____?

8
JUDGMENT

Matthew 25:34–40

Then shall the **King** say unto them on his **right hand**, Come, ye **blessed** of my **Father**, **inherit** the **kingdom prepared** for you from the **foundation** of the **world**: for I was an **hungred**, and ye gave me **meat**: I was **thirsty**, and ye gave me **drink**: I was a **stranger**, and ye took me in: **naked**, and ye **clothed** me: I was **sick**, and ye **visited** me: I was in **prison**, and ye came unto me. Then shall the **righteous** answer him, saying, Lord, when saw we thee an hungred, and fed thee? or thirsty, and gave thee drink? When saw we thee a stranger, and took thee in? or naked, and clothed thee? Or when saw we thee sick, or in prison, and came unto thee? And the King shall **answer** and say unto them, **Verily** I say unto you, **Inasmuch** as ye have done it unto one of the **least** of these my **brethren**, ye have done it unto me.

```
T H I R S T Y W D E H T O L C
H A F T D T D E R A P E R P W
F K O A E K I N A S M U C H I
O N C D T S O N B L E S S E D
U D D I I H O F D A N I M N B
N E A R S S E K L L S R A E R
D R P R I E I R S E R H N T E
A G T R V N H E P E T O O P T
T N P L G I K E B H G E W A H
I U S D I N N G G J N U E D R
O H O W A H L I G E I M D I E
N M N K E E R T H I K S S T N
O R E Y A R S U O E T H G I R
X D X S P I N S T R A N G E R
H L T L B T X P Y L I R E V G
```

HIDDEN TRIVIA QUESTION:

_ _ _ _   _ _ _   _ _ _ _ _ _   _ _

_ _ _ _ _ _

_ _ _ _ _ _ _ _ _   _ _ _

_ _ _ _ _ _   _ _ _ _ _

_ _ _ _ _ _ _   _ _   _ _ _ _

_ _ _ _ _ ?

KORAH

Numbers 16:27–33

So they gat up from the **tabernacle** of **Korah**, **Dathan**, and **Abiram**, on every side: and Dathan and Abiram came out, and stood in the door of their **tents**, and their wives, and their sons, and their little **children**. And **Moses** said, Hereby ye shall know that the Lord hath sent me to do all these works; for I have not done them of mine own mind. If these men die the **common death** of all men, or if they be visited after the **visitation** of all men; then the Lord hath not sent me. But if the Lord make a <u>**new thing**</u>, and the **earth** open her **mouth**, and **swallow** them up, with all that **appertain** unto them, and they go down quick into the **pit**; then ye shall **understand** that these men have **provoked** the Lord. And it came to pass, as he had made an end of **speaking** all these words, that the **ground** clave **asunder** that was under them: and the earth opened her mouth, and swallowed them up, and their **houses**, and all the men that appertained unto Korah, and all their goods. They, and all that appertained to them, went down alive into the pit, and the earth closed upon them: and they **perished** from among the congregation.

V	I	S	I	T	A	T	I	O	N	H	O	W	H	D
M	A	N	W	O	L	L	A	W	S	C	Y	A	O	E
N	R	E	D	N	U	S	A	B	H	T	R	H	E	H
O	D	A	T	H	A	N	M	I	I	O	R	I	S	S
M	P	D	R	A	E	O	L	H	K	R	L	I	T	I
M	R	N	E	L	U	D	T	T	E	A	A	D	E	R
O	O	A	N	T	R	A	E	E	R	S	E	M	L	E
C	V	T	H	E	E	J	O	N	I	N	A	E	C	P
D	O	S	N	D	W	I	N	T	W	I	R	T	A	D
S	K	R	H	T	H	T	D	S	I	E	T	R	N	N
E	E	E	E	B	E	L	H	R	L	P	H	I	R	U
S	D	D	S	E	S	O	M	I	O	O	N	O	E	O
U	G	N	I	K	A	E	P	S	N	L	F	K	B	R
O	O	U	R	A	H	X	X	R	R	G	K	Q	A	G
H	V	A	P	P	E	R	T	A	I	N	D	Y	T	R

HIDDEN TRIVIA QUESTION:

___ ____ _____

_____

_____ _____ __

____ ___

_____ __

_____ _?

10
SAMSON'S RIDDLE

Judges 14:12–18

And **Samson** said unto them, I will now put forth a **riddle** unto you: if ye can **certainly declare** it me within the **seven days** of the **feast**, and find it out, then I will give you **thirty sheets** and thirty **change** of **garments**: but if ye cannot declare it me, then shall ye give me thirty sheets and thirty change of garments. And they said unto him, Put forth thy riddle, that we may hear it. And he said unto them, Out of the **eater** came forth **meat**, and out of the **strong** came forth **sweetness**. And they could not in **three days** expound the riddle. And it came to pass on the seventh day, that they said unto Samson's **wife**, **Entice** thy **husband**, that he may declare unto us the riddle, lest we **burn** thee and thy father's **house** with fire: have ye **called** us to take that we have? is it not so? And Samson's wife wept before him, and said, Thou dost but <u>hate me</u>, and lovest me not: thou hast put forth a riddle unto the **children** of my people, and hast not told it me. And he said unto her, Behold, I have not told it my father nor my **mother**, and shall I tell it thee? And she wept before him the seven days, while their feast lasted: and it came to pass on the seventh day, that he told her, because she <u>lay sore</u> upon him: and she told the riddle to the children of her **people**. And the men of the city said unto him on the seventh day before the **sun** went down, What is sweeter than **honey**? And what is stronger than a **lion**? and he said unto them, If ye had not plowed with my **heifer**, ye had not found out my riddle.

```
W H E M E T A H A S S T E V H
N E N E A T E R T T T S W E O
E B A D N D N M N H W E C S U
R T U U E O N E E E E I E H S
D P S R I C M U E A T I C H E
L S E L N R L T O N T A F L S
I T V O A E N A E P L S D E F
H R E G P E R O R L X D U E R
C O N R S L C E E E I E A E E
N N D S E O E D H R F S E R F
O G A T Y T R I H T T H G O I
S S Y A D E E R H T O I N S W
M S S H O N E Y R I D M A Y D
A L C E R T A I N L Y E H A X
S X R H U S B A N D M N C L B
```

HIDDEN TRIVIA QUESTION:

___ _____ ___
___ _____ __
____ _____?

NEHEMIAH

Nehemiah 2:1–6

And it came to pass in the **month Nisan**, in the **twentieth** year of **Artaxerxes** the king, that wine was before him: and I took up the wine, and gave it unto the king. Now I had not been **beforetime** sad in his **presence**. Wherefore the king said unto me, Why is thy **countenance** sad, **seeing** thou art not sick? this is **nothing** else but **sorrow** of **heart**. Then I was very sore **afraid**, and said unto the king, Let the king live for ever: why should not my countenance be sad, when the **city**, the **place** of my fathers' **sepulchres**, lieth waste, and the **gates** thereof are **consumed** with fire? Then the king said unto me, For what dost thou make **request**? So I **prayed** to the God of **heaven**. And I said unto the king, If it please the king, and if thy **servant** have found **favour** in thy **sight,** that thou wouldest send me unto **Judah**, unto the city of my fathers' sepulchres, that I may **build** it. And the king said unto me, (the **queen** also sitting by him,) For how long shall thy **journey** be? and when wilt thou **return**? So it pleased the king to send me; and I set him a time.

```
W E C N A N E T N U O C H A P
T G A J O P R A Y E D P N R W
B N D R I N E E U Q L A E O T
C I D N T E H E M A S S R H J
I H I A G A H P C I E R G U F
T T Y B E N X E N N O I D S A
Y O D E R A I E C S S A R E V
R N E F N B F E R F H E E R O
E N M O O R U R E X R M T V U
Q E U R I N U I A S E T U A R
U V S E H H E O L I P S R N G
E A N T T A L A J D D C N T E
S E O I N S E R H C L U P E S
T H C M O T W E N T I E T H A
T S H E M U H E A R T S H A N
```

HIDDEN TRIVIA QUESTION:

____ ___ ___ _____ _____ __ ___ _____ __ _____?

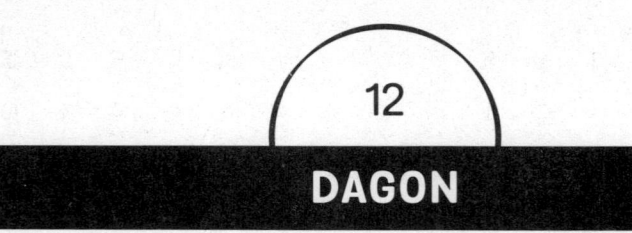

DAGON

1 Samuel 5:2–5

When the **Philistine**s took the **ark of God,** they brought it into the **house** of **Dagon**, and set it by Dagon. And when they of **Ashdod arose** early on the **morrow**, behold, Dagon was **fallen** upon his **face** to the **earth** before the ark of **the Lord**. And they took Dagon, and set him in his **place** again. And when they arose **early** on the morrow **morning**, **behold**, Dagon was fallen upon his face to the **ground** before the ark of the Lord; and the **head** of Dagon and both the palms of his **hands** were **cut off** upon the threshold; only the **stump** of Dagon was left to him. Therefore **neither** the **priests** of Dagon, nor any that **come** into Dagon's **house**, tread on the **threshold** of Dagon in Ashdod unto **this day**.

```
W C U T O F F T H E L O R D E
W O R R O M H O U S E H A A C
D T P F N E M O C A A M S E A
S N O L D E U E S B S I E H F
N T U B A A L L S E H D N F I
E G U O U C G L D U D L I R E
I W A M R S E O A O O O T N P
T C E C P G G A N F D H S R R
H R I E A F T D M O F S I E F
E T O R O H S O T H H E L A E
R T O K I D R E T M S R I R P
L S R S N N E R O T F H H L D
E A D A I A A G S O N T P Y X
X A H N N E V H W K M J Y N N
Y X G K L T K F D L O H E B D
```

HIDDEN TRIVIA QUESTION:

____ _____ _____
_____ ___ ___
_____ ___ ___
___ _____ __
_____?

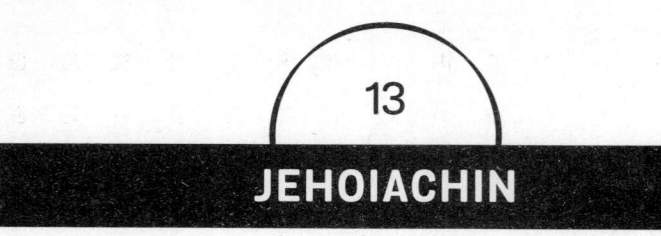

JEHOIACHIN

2 Kings 24:15; 25:27-30

And he **carried** away **Jehoiachin** to **Babylon**, and the king's **mother**, and the king's wives, and his **officers**, and the **mighty** of the **land**, those carried he into **captivity** from **Jerusalem** to Babylon. . . . And it <u>came to pass</u> in the **seven** and **thirtieth** year of the captivity of Jehoiachin **king** of **Judah**, in the **twelfth month**, on the seven and twentieth day of the month, that Evilmerodach king of Babylon in the year that he began to **reign** did lift up the **head** of Jehoiachin king of Judah out of **prison**; and he spake **kindly** to him, and set his **throne** above the throne of the kings that were with him in Babylon; and changed his **prison garments**: and he did eat **bread** continually before him all the days of his life. And his **allowance** was a continual allowance given him of the king, a daily **rate** for every day, all the days of his life.

```
W  G  Y  H  O  T  H  R  O  N  E  K  S  N  D
N  A  O  T  I  D  T  H  Y  D  T  S  I  E  B
O  R  F  A  I  B  Y  L  L  W  A  H  O  N  N
S  M  F  R  I  V  D  A  E  P  C  E  M  J  G
I  E  I  N  A  N  I  L  O  A  K  I  H  U  I
R  N  C  N  I  T  F  T  I  G  G  P  M  D  L
P  T  E  K  A  T  E  O  P  H  C  E  E  A  O
M  S  R  N  H  M  H  T  T  A  H  E  L  H  T
H  O  S  R  A  E  O  Y  N  E  C  O  A  F  D
D  J  T  C  J  B  A  B  Y  L  O  N  S  U  E
A  D  T  H  I  R  T  I  E  T  H  O  U  A  I
E  N  G  I  E  R  D  N  A  L  H  S  R  A  R
R  F  T  E  R  R  H  T  N  O  M  I  E  J  R
B  E  S  E  V  E  N  H  O  I  A  R  J  C  A
H  A  L  L  O  W  A  N  C  E  I  P  N  X  C
```

HIDDEN TRIVIA QUESTION:

___ ___ ___
___ ___ ___ ___ ___ ___ ___ ___ ___ ___ ___ ___
___ ___ ___ ___ ___ ___ ___ ___ ___ ___
___ ___ ___ ___ ___ ___ ___ ___ ___ ___ ___
___ ___ ___ ___ ___ ___ ___ ___ ___ ___ ___ ___ ___ ___?

31

14 PRAISE

Psalm 150:1-6

Praise ye the LORD. Praise **God in** his **sanctuary**: praise him in the **firmament** of his **power**. Praise him for his **mighty acts**: praise him **according** to his **excellent greatness**. Praise him with the **sound** of the **trumpet**: praise him with the **psaltery** and **harp**. Praise him with the **timbrel** and **dance**: praise him with **stringed instruments** and **organs**. Praise him upon the **loud cymbals**: praise him upon the **high sounding** cymbals. Let every thing that hath **breath** praise the LORD. Praise ye the LORD.

```
H G G O W H M A O N Y P T D S
S R N A L M A R S D C O N D T
M E I I E S G R R A F U E E N
T A D E D A A O P R O H L G E
T T N H N R L N E S O G L N M
E N U S N F O E C H U I E I U
S E O N D I R C E T T H C R R
I S S D F R I S C I U P X T T
A S G O D M L F M A O A E S S
R T I E T A H B P W S A R L N
P M I N B M R T E C N A D Y I
D H E M B E I R H T A E R B B
L U Y E L N P S A L T E R Y X
X C O Y J T T R U M P E T G B
N H L L D S T C A Y T H G I M
```

HIDDEN TRIVIA QUESTION:

___ ____ _____

___ _____ ___

___ _____

_____ _____

__ ___ _____?

THE LAW OF THE LORD

Psalm 19:7–12

The **law** of the LORD is **perfect**, converting the **soul**: the **testimony** of the LORD is **sure**, making **wise** the **simple**. The **statutes** of the LORD are right, **rejoicing** the **heart**: the **commandment** of the LORD is **pure, enlightening** the eyes. The **fear** of the LORD is **clean**, enduring for ever: the **judgments** of the LORD are **true** and **righteous** altogether. More to be **desired** are they than **gold**, yea, than much fine gold: **sweeter** also than **honey** and the honeycomb. Moreover by them is thy **servant** warned: and in **keeping** of them there is great **reward.** Who can understand his errors? **cleanse** thou me from secret faults.

```
G E N L I G H T E N I N G C W
T N E M D N A M M O C P L S A
W S I H I C S H L E N E U G L
T E T P H Y G O P S A R A R L
M T I N E E S O U N E S E N E
T U I R E E L E L L L W T S Y
A T B O U M K P G D H E E U T
F A E S I W G N M O T E S O E
E T H E L D I D N I A T T E U
A S W O R C E E U F S E I T R
R T H O I R Y E L J O R M H T
R D L O I P E R F E C T O G X
X N J S X E S N A E L C N I C
C E E N T N A V R E S R Y R M
R D R A W E R L Z H E A R T J
```

HIDDEN TRIVIA QUESTION:

_ _ _ _ _ _ _ _ _ _ _ _
_ _ _ _ _ _ _ _ _ _ _ _ _ _ _
_ _ _ _ _ _ _ _ _ _ _ _ _
_ _ _ _ _ _ _?

16
PAUL AND SILAS

Acts 16:22-28

And the **multitude** rose up together against them: and the **magistrates** rent off their **clothes**, and **commanded** to beat them. And when they had laid many **stripes** upon them, they cast them into **prison**, charging the **jailor** to keep them **safely**: who, having **received** such a charge, **thrust** them into the **inner** prison, and made their feet fast in the **stocks**. And at **midnight Paul** and **Silas prayed**, and sang praises unto God: and the **prisoners** heard them. And suddenly there was a great **earthquake**, so that the foundations of the prison were **shaken**: and immediately all the **doors** were opened, and every one's **bands** were **loosed**. And the keeper of the prison **awaking** out of his **sleep**, and seeing the prison doors open, he drew out his **sword**, and would have **killed** himself, supposing that the prisoners had been fled. But Paul cried with a loud **voice**, saying, Do thyself no **harm**: for we are all here.

```
I N D O O R S W P P E E L S G
H A S A L I S R T C C S D I N
I N N E R T I Y O I E F E M I
P A S C S S E L O T D O V E K
R C N R O T O V A I S E I K A
A H O N E O O R A D T D E A W
Y A I M S N T C D T R U C U A
E R Y E M S O P K H I T E Q M
D M D L I A A S I S P I R H I
D S B G E U N T I N E T S T D
E R A A L F S D E R S L T R N
L M O O N U A K E R P U Y A I
L O C W R D A S C D U M R E G
I X X H S H S C L O T H E S H
K D T B S N L R O L I A J H T
```

HIDDEN TRIVIA QUESTION:

__ ____ ____ __

_____ ___

____ _____ _____?

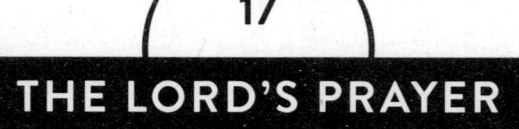

THE LORD'S PRAYER

Matthew 6:9–13

After this **manner therefore pray** ye: **Our Father which** art in **heaven, Hallowed** be thy **name.** Thy **kingdom** come, Thy **will** be done in **earth**, as it is in heaven. **Give** us this day our **daily bread.** And **forgive** us our **debts**, as we forgive our **debtors**. And **lead** us not into **temptation**, but **deliver** us from **evil**: For **thine** is the kingdom, and the **power**, and the **glory**, <u>for ever</u>. **Amen.**

```
W  H  K  I  N  G  D  O  M  P  O  W  E  R  A
T  D  E  B  T  O  R  S  O  T  H  F  E  N  R
G  T  H  E  R  E  F  O  R  E  A  E  E  O  O
S  P  E  A  D  L  C  O  N  T  T  V  A  I  D
I  F  O  R  E  V  E  R  H  N  I  I  S  T  E
A  V  E  T  L  R  G  E  S  L  I  G  O  A  W
N  O  O  H  I  I  R  F  T  H  I  R  R  T  O
N  S  U  P  V  N  Y  L  I  A  D  O  E  P  L
L  E  R  E  E  P  R  W  R  Y  A  F  T  M  L
D  E  V  M  R  Y  R  E  I  S  R  E  F  E  A
R  A  A  A  O  F  N  A  T  L  J  O  A  T  H
E  S  E  D  E  N  U  B  Y  S  L  X  L  E  X
C  R  N  R  A  H  E  H  C  I  H  W  M  G  M
R  N  L  M  B  D  D  C  N  H  G  A  L  R  R
Z  L  J  J  D  T  Y  N  L  E  N  I  H  T  M
```

HIDDEN TRIVIA QUESTION:

____ _____ _____ _____ _ _____ __ ____ _____ __ _____?

39

18

GEHAZI

2 Kings 5:20-26

But **Gehazi**, the servant of **Elisha** the man of God, said, **Behold**, my **master** hath spared **Naaman** this Syrian, in not **receiving** at his hands that which he brought: but, as the Lord liveth, I will run after him, and take **somewhat** of him. So Gehazi **followed** after Naaman. And when Naaman saw him **running** after him, he lighted down from the **chariot** to meet him, and said, Is all well? And he said, All is well. My master hath sent me, saying, Behold, even now there be come to me from mount **Ephraim** two young men of the sons of the **prophets**: give them, I pray thee, a **talent** of **silver**, and two **changes** of **garments**. And Naaman said, Be content, take two talents. And he **urged** him, and bound two talents of silver in two bags, with two changes of garments, and laid them upon two of his servants; and they bare them before him. And when he came to the tower, he took them from their hand, and bestowed them in the house: and he let the men go, and they **departed**. But he went in, and stood before his master. And Elisha said unto him, **Whence** comest thou, Gehazi? And he said, Thy servant went no **whither**. And he said unto him, Went not mine heart with thee, when the man turned again from his chariot to meet thee? Is it a time to **receive** money, and to receive garments, and oliveyards, and **vineyards**, and **sheep**, and **oxen**, and menservants, and maidservants?

```
W B E H O L D H A T P V U S N
I S H D R O L M I E P I N E T
C H A R I O T D Z D R N N G I
W H E N C E D G A E O E A N E
T H A R E H T I H W P Y A A Z
I A E S U F F T E O H A M H E
R D H P F M A O G L E R A C R
S E R W H L A H I L T D N E S
G T R R E S E O S S C D G
D R N N E M A A T F N E E N A
N A T E D C O I D E I G I H I
E P S H M O E S M V R N S N E
X E S T Y R X I I U N I X K T
O D P W T Q A N V U L K Z M L
D S H E E P G G R E V L I S Y
```

HIDDEN TRIVIA QUESTION:

____ _____
___ _____ _____
___ ___ _____ ___
_____?

19
THE NEW JERUSALEM

Revelation 21:14–20

And the **wall** of the **city** had **twelve** foundations, and in them the **names** of the twelve **apostles** of the **Lamb**. And he that **talked** with me had a **golden** reed to **measure** the city, and the **gates** thereof, and the wall thereof. And the city lieth **foursquare**, and the **length** is as large as the **breadth**: and he measured the city with the reed, twelve thousand **furlongs**. The length and the breadth and the **height** of it are equal. And he measured the wall thereof, an hundred and forty and four **cubits**, according to the measure of a man, that is, of the angel. And the **building** of the wall of it was of **jasper**: and the city was pure gold, like unto clear glass. And the foundations of the wall of the city were **garnished** with all manner of **precious** stones. The first foundation was jasper; the second, **sapphire**; the third, a chalcedony; the fourth, an **emerald**; the fifth, sardonyx; the sixth, **sardius**; the seventh, chrysolyte; the eighth, **beryl**; the ninth, a **topaz**; the tenth, a chrysoprasus; the eleventh, a jacinth; the twelfth, an **amethyst**.

```
W G A R N I S H E D C H A E S
T W E S G N O L R U F R Z R A
E H T H E B T W B E L V A U R
E E L G A T R I E N S O P S D
F I L Y T H T E E L E H O A I
A G L E R S A P A E V D T E U
P H A N Y E R M R D E N L M S
O T W T A E B A A E T L Y O C
S I I T C M U M M Y C H O M G
T C P I O Q E E T W E L V E S
L E O D S T R S O J A S P E R
E U F R H A X L E N G T H X H
S Z U Y L Z B B U I L D I N G
V O S D E K L A T Q N F V T M
F T D K W B E R I H P P A S X
```

HIDDEN TRIVIA QUESTION:

_ _ _ _ _ _ _ _ _ _ _
_ _ _ _ _ _ _ _ _ _ _ _
_ _ _ _ _ _ _ _ _ _ _ _ _ _ _
_ _ _ _ _ _ _ _ _ _?

20
THE BEATITUDES

Matthew 5:3–12

Blessed are the **poor in spirit**: for theirs is the **kingdom** of **heaven**. Blessed are they that **mourn**: for they shall be **comforted**. Blessed are the **meek**: for they shall **inherit the earth**. Blessed are they which do **hunger** and **thirst** after **righteousness**: for they shall be **filled**. Blessed are the **merciful**: for they shall obtain mercy. Blessed are the **pure in heart**: for they shall see God. Blessed are the peacemakers: for they shall be called the **children** of God. Blessed are they which are **persecuted** for righteousness' sake: for theirs is the kingdom of heaven. Blessed are ye, when men shall **revile** you, and persecute you, and shall say all **manner** of **evil** against you **falsely**, **for my sake**. **Rejoice**, and be exceeding **glad**: for great is your **reward** in **heaven**: for so persecuted they the prophets which were before you.

```
R I G H T E O U S N E S S W H
E R E M W H E A V E N A S M N
T J M E O S F O R M Y S A K E
R P E Y T U T I R E H N I U R
A E R L I E R S W H N E N H D
E R C E R C E N H E E M S P L
H S I S I I G O R T O K T C I
N E F L P O N E A D R S L O H
I C U A S J U F G L R A T M C
E U L F N E H N I I H E E F N
R T S E I R I G H L B E A O E
U E T M R K I T L L L T U R V
P D E D O E S X X A I E K T A
Y E R H O R E W A R D V D E E
K W R R P M E L I V E R E D H
```

HIDDEN TRIVIA QUESTION:

_ _ _ _ _   _ _ _   _ _ _ _ _
_ _ _ _   _ _   _ _ _ _ _   _ _ _
_ _ _ _ _   _ _ _ _ _ _ _ _ _ _ _ ?

21
SAUL IS CONVERTED

Acts 9:1-6

And **Saul**, yet **breathing** out threatenings and **slaughter** against the **disciples** of the **Lord**, went unto the high priest, and **desired** of him **letters** to **Damascus** to the **synagogues**, that if he **found** any of this way, whether they were **men** or **women**, he might bring them **bound** unto **Jerusalem**. And as he **journeyed**, he came near Damascus: and **suddenly** there **shined** round about him a **light** from **heaven**: and he fell to the **earth**, and heard a voice saying unto him, Saul, Saul, why **persecutest** thou me? And he said, Who art thou, Lord? And the Lord said, I am **Jesus** whom thou persecutest: it is hard for thee to **kick** against the **pricks**. And he trembling and **astonished** said, Lord, what wilt thou have me to do? And the Lord said unto him, **Arise**, and go into the city, and it shall be told thee what thou must do.

```
H  S  O  W  L  O  Y  L  N  E  D  D  U  S  N
G  E  D  E  Y  E  N  R  U  O  J  W  D  A  S
S  U  A  U  L  B  D  A  J  G  L  N  I  D  N
L  G  D  S  H  D  R  I  N  E  U  A  E  F  S
U  O  T  T  U  I  E  I  S  O  S  S  E  H  N
A  G  R  T  S  C  H  H  F  C  I  U  I  K  E
S  A  R  E  H  T  S  H  S  R  I  N  S  I  V
E  N  L  I  A  G  S  A  E  I  E  P  E  C  A
N  Y  O  E  C  O  I  D  M  D  N  U  L  K  E
N  S  R  T  M  E  N  L  E  A  W  O  R  E  H
B  B  D  W  S  K  C  I  R  P  D  O  T  I  S
O  T  H  S  L  A  U  G  H  T  E  R  M  S  J
U  S  R  E  T  T  E  L  E  S  U  S  X  E  A
N  X  W  T  S  E  T  U  C  E  S  R  E  P  N
D  N  T  K  J  E  R  U  S  A  L  E  M  Y  T
```

HIDDEN TRIVIA QUESTION:

___ ____ ___ ____ _____ _____ ___ _____ ____ _____?

22
THE VIRTUOUS WOMAN

Proverbs 31:23-29

Her **husband** is known in the **gates**, when he sitteth among the **elders** of the **land**. She maketh fine **linen**, and selleth it; and delivereth **girdles** unto the **merchant**. **Strength** and **honour** are her **clothing**; and she shall **rejoice** in **time** to come. She openeth her **mouth** with **wisdom**; and in her tongue is the **law** of **kindness**. She looketh well to the ways of her **household**, and eateth not the **bread** of **idleness**. Her **children** arise up, and call her **blessed**; her husband also, and he **praiseth** her. Many **daughters** have done virtuously, but thou **excellest** them all.

```
P W H R E J O I C E L A T D T
R R O E L D E R S E M A S T S
A U H H E B O O G K O O N F E
I O P R T W O I V E U R B D L
S N S S I G R T D A T Y A D L
E O E S V D N E I I H G R L E
T H D R L S S E T M N U D O C
H O O E D S S D R I E U N H X
M S S W E L A E H T O M A E E
A N H L A E I T N S S G B S L
R E B A R T O H E D S R S U I
W A L B V L A L C E N U U O N
T N A H C R E M T E T I H H E
S R E T H G U A D H A N K X N
X T B L B M G I D L E N E S S
```

HIDDEN TRIVIA QUESTION:

____ _____ ___ ____ __ _____ ___ _ _____ _____ ___ _____ _____ ____?

GARDEN OF EDEN

Genesis 2:8–15

And the L<small>ORD</small> **God** planted a **garden** eastward in **Eden**; and there he put the **man** whom he had **formed**. And out of the **ground** made the L<small>ORD</small> God to **grow** every **tree** that is **pleasant** to the sight, and good for **food**; the tree of **life** also in the **midst** of the garden, and the tree of **knowledge** of **good and evil**. And a **river** went out of Eden to **water** the garden; and from thence it was parted, and became into four heads. The name of the first is **Pison**: that is it which compasseth the whole **land** of **Havilah**, where there is **gold**; and the gold of that land is good: there is **bdellium** and the **onyx stone**. And the name of the second river is **Gihon**: the same is it that compasseth the whole land of Ethiopia. And the name of the third river is **Hiddekel**: that is it which goeth toward the east of **Assyria**. And the fourth river is **Euphrates**. And the L<small>ORD</small> God took the man, and put him into the garden of Eden to **dress** it and to **keep** it.

```
W O R G W H A V I L A H H I C
K E E P H E N O T S X Y N O B
T D A R E E I N R S L I F E D
T O I F H E G I A S R D E K E
N G R O O F V D E E G D E N L
T D Y R N E O N D R E I D O L
N R S M R O E L O D G R D W I
A O S E F D R U E I G N T L U
S L A D R O N E H K A D F E M
A N G A O D R O T L E B I D D
E O G O A D N A M A M D M G A
L S N D L E D E N A W I D E E
P I V E T D O E A T N F D I R
O P L I V E D N A D O O G S H
M X E U P H R A T E S X G R T
```

HIDDEN TRIVIA QUESTION:

_ _ _ _ _ _ _ _ _ _ _ _ _ _
_ _ _ _ _ _ _ _ _ _ _ _ _ _ _
_ _ _ _ _ _ _ _ _ _ _ _ _
_ _ _ _ _ _ _ _ _ _ _ _ _ _ _ _?

24
TOWER OF BABEL

Genesis 11:3-9

And they said one to **another**, Go to, let us make **brick**, and **burn** them **thoroughly**. And they had brick for **stone**, and **slime** had they for **morter**. And they said, Go to, let us build us a **city** and a **tower**, whose top may **reach** unto **heaven**; and let us make us a **name**, lest we be **scattered** abroad upon the face of the whole **earth**. And the Lord came down to see the city and the tower, which the **children** of men builded. And the Lord said, **Behold**, the **people** is one, and they have all one **language**; and this they begin to do: and now **nothing** will be **restrained** from them, which they have **imagined** to do. Go to, let us go down, and there **confound** their language, that they may not **understand** one another's speech. So the Lord scattered them **abroad** from thence upon the face of all the earth: and they left off to build the city. Therefore is the name of it called **Babel**; because the Lord did there confound the language of all the earth: and from thence did the Lord scatter them abroad upon the face of all the earth.

```
D  N  A  T  S  R  E  D  N  U  K  E  W  D  H
E  I  T  C  D  H  C  S  O  C  A  S  M  N  M
N  D  S  H  A  L  L  N  I  R  B  T  D  U  T
I  E  C  H  O  I  O  R  T  A  R  O  T  O  N
G  N  A  G  M  R  B  H  O  D  O  N  S  F  E
A  I  T  E  P  O  O  K  E  E  A  E  T  N  R
M  A  T  B  U  R  N  U  B  B  B  D  O  N  O
I  R  E  O  R  A  H  Y  G  A  N  W  E  C  L
R  T  R  R  E  E  T  E  T  H  B  A  H  E  I
E  S  E  P  H  E  L  O  P  I  L  E  M  L  H
W  E  D  C  T  P  E  A  T  B  C  Y  L  E  C
O  R  A  A  O  B  E  L  H  E  A  V  E  N  D
T  E  I  E  N  S  L  A  N  G  U  A  G  E  O
R  B  P  E  A  D  R  O  L  Y  I  N  G  X  X
M  N  O  T  H  I  N  G  R  R  E  T  R  O  M
```

HIDDEN TRIVIA QUESTION:

_ _ _ _ _ _ _ _ _ _ _ _

_ _ _ _ _ _ _ _ _ _ _ _ _ _

_ _ _ _ _ _ _ _ _ _ _

_ _ _ _ _ _ _ _ _ _ _ _ _

_ _ _ _ _ _ _ _ _ _ _ ?

Job 1:14–21

And there came a **messenger** unto **Job**, and said, The **oxen** were **plowing**, and the asses **feeding** beside them: and the **Sabeans** fell upon them, and took them away; yea, they have slain the **servants** with the edge of the **sword**; and I only am **escaped** alone to tell thee. While he was yet **speaking**, there came also another, and said, The **fire** of **God** is fallen from **heaven**, and hath **burned** up the **sheep**, and the servants, and **consumed** them; and I only am escaped alone to tell thee. While he was yet speaking, there came also another, and said, The **Chaldeans** made out three bands, and fell upon the **camels**, and have carried them away, yea, and slain the servants with the edge of the sword; and I only am escaped alone to tell thee. While he was yet speaking, there came also another, and said, Thy **sons** and thy **daughters** were **eating** and **drinking** wine in their **eldest** brother's house: and, behold, there came a great wind from the **wilderness**, and smote the four corners of the **house**, and it fell upon the young men, and they are dead; and I only am escaped alone to tell thee. Then Job arose, and rent his **mantle**, and **shaved** his head, and fell down upon the **ground**, and worshipped, and said, Naked came I out of my mother's womb, and naked shall I return thither: the Lord gave, and the Lord hath taken away; blessed be the name of the Lord.

```
S R E T H G U A D G H F O S E
W M A N Y G C H N R H E I N S
R O X E N L B I D O E E S A U
E R E I L U K G N U A D L E O
G D T O R A I E O N V I E D H
N A R N E W S D L D E N M L D
E D E P D A I P J D N G A A E
S D S O B E B L L M E L C H P
S O S E D E M I D O A S N C A
E T A H I R S U F E W N T I C
M N R S T T O R S A R I T G S
S S H A V E D W E N B N N L E
D R I N K I N G S O O D E G E
P E E H S Y X X J C X C N S Z
S T N A V R E S K F I R E Y S
```

HIDDEN TRIVIA QUESTION:

___ ____ _____
___ ___ ____ __
____ _____ _____?

DANIEL

Daniel 1:3–7

And the **king** spake unto Ashpenaz the master of his **eunuchs**, that he should bring **certain** of the **children** of **Israel**, and of the king's seed, and of the **princes**; children in whom was no blemish, but well favoured, and **skilful** in all wisdom, and **cunning** in knowledge, and understanding science, and such as had **ability** in them to stand in the king's **palace**, and whom they might **teach** the learning and the **tongue** of the Chaldeans. And the king **appointed** them a daily **provision** of the king's meat, and of the wine which he drank: so **nourishing** them three years, that at the end thereof they might stand before the king. Now among these were of the children of Judah, **Daniel**, **Hananiah**, **Mishael**, and **Azariah**: unto whom the prince of the eunuchs gave names: for he gave unto Daniel the name of **Belteshazzar**; and to Hananiah, of **Shadrach**; and to Mishael, of **Meshach**; and to Azariah, of **Abednego**.

```
W R A Z Z A H S E T L E B A H
A T D G N I H S I R U O N P I
D D C A T E A C H H N I O P E
L S R H C E R T A I N G G O E
C Y H E I I V I E P P N E I E
P T L A R L R H R M I I N N I
R I E S D A D I A S S K D T S
O L A G Z R N R H I D I E E R
V I H A N C A C E A N E B D A
I B S T E I U C N N C A A O E
S A I S O N N I H A N T N O L
I E M A U N E N L T I N S A T
O E A E D L G A U O F T H E H
N C H A L D P U E C A N D I E
L U F L I K S M E S H A C H T
```

HIDDEN TRIVIA QUESTION:

____ ___ _____
_____
_____ __ ___
_____ __ ___
_____ ____?

ISRAEL'S PORTIONS

Ezekiel 48:29-34

This is the **land** which ye shall **divide** by lot unto the **tribes** of **Israel** for **inheritance**, and these are their **portions**, saith the <u>Lord God</u>. And these are the **goings** out of the city on the **north** side, four **thousand** and five **hundred** measures. And the **gates** of the city shall be after the names of the tribes of Israel: three gates **northward**; one gate of **Reuben**, one gate of **Judah**, one gate of **Levi**. And at the **east** side four thousand and five hundred: and three gates; and one gate of **Joseph**, one gate of **Benjamin**, one gate of **Dan**. And at the **south** side four thousand and five hundred measures: and three gates; one gate of **Simeon**, one gate of **Issachar**, one gate of **Zebulun**. At the **west** side four thousand and five hundred, with their three gates; one gate of **Gad**, one gate of **Asher**, one gate of **Naphtali**.

```
T W S H A J D O G D R O L T D
I S D O U E Z Z E I K I E L S
A Y A D U E T H P E S O J I H
E N A E B T R I B E S R A N M
S H G U T E H E D O F T A H H
I G L A D S H U N D R E D E S
P U N I T R E O A P N N D R L
N A V I V E L W L P A S R I R
D I H E O S S I O S P I A T A
D R E D C G D R U H H M W A H
I E T Y W A T O O T T E H N C
U U L D G I H B E R A O T C A
X B X L O T G M G O L N R E S
N E B N A S H E R N I N O J S
G N S J D B E N J A M I N D I
```

HIDDEN TRIVIA QUESTION:

_ _ _ _ _ _ _ _ _ _ _ _ _
_ _ _ _ _ _ _ _ _ _ _ _ _
_ _ _ _ _ _ _ _ _ _ _ _
_ _ _ _ _ _ _ _ _ _ _ _?

28

PHARAOH'S DREAM

Genesis 41:1–7

And it **came to pass** at the end of **two full years**, that **Pharaoh dreamed**: and, **behold**, he stood by the **river**. And, behold, there came up out of the river seven well **favoured kine** and **fatfleshed**; and they **fed** in a **meadow**. And, behold, seven other kine came up after them out of the river, ill favoured and **leanfleshed**; and **stood** by the other kine upon the brink of the river. And the ill favoured and leanfleshed kine did eat up the **seven** well favoured and fat kine. So Pharaoh **awoke**. And he **slept** and dreamed the **second** time: and, behold, seven ears of **corn** came up upon one **stalk**, **rank** and **good**. And, behold, seven **thin** ears and **blasted** with the **east wind** sprung up after them. And the seven thin ears **devoured** the seven rank and full ears. And Pharaoh awoke, and, behold, it was a dream.

```
W  S  H  O  W  F  A  T  F  L  E  S  H  E  D
A  S  E  C  O  N  D  S  T  O  P  F  D  O  U
D  A  N  D  T  O  E  P  W  I  H  D  E  S  N
E  P  T  E  R  N  E  T  S  T  A  E  H  T  P
T  O  R  E  I  L  T  T  S  T  R  R  S  A  D
S  T  H  K  S  E  O  A  D  A  A  U  E  L  E
A  E  R  S  C  O  E  R  N  E  O  O  L  K  R
L  M  S  E  D  O  E  K  T  R  H  V  F  M  U
B  A  A  N  V  A  R  G  E  D  R  E  N  E  O
E  C  A  M  M  I  S  N  O  Y  F  D  A  A  V
N  T  H  E  E  P  R  N  E  V  E  S  E  D  A
F  I  D  D  L  O  H  E  B  K  H  A  L  O  F
A  E  H  R  A  O  D  O  O  G  O  H  R  W  X
X  T  D  T  W  W  T  D  F  X  C  W  C  S  Z
T  K  F  U  L  L  P  W  I  N  D  L  A  W  F
```

HIDDEN TRIVIA QUESTION:

___ ___ _____ __
_____ ____
_____ _____ __
___ _____?

29

MARY AND ELISABETH

Luke 1:39-45

And **Mary** arose in those **days**, and went into the **hill country** with **haste**, into a city of **Juda**; and entered into the house of **Zacharias**, and **saluted Elisabeth**. And it <u>came to pass</u>, that, when Elisabeth heard the salutation of Mary, the **babe leaped** in her **womb**; and Elisabeth was **filled** with the <u>Holy Ghost</u>: And she **spake** out with a **loud voice**, and said, **Blessed** art thou among **women**, and blessed is the **fruit** of thy womb. And **whence** is this to me, that the **mother** of my **Lord** should come to me? For, lo, as soon as the voice of thy salutation **sounded** in mine **ears**, the babe leaped in my womb for **joy**. And blessed is she that **believed**: for there shall be a performance of those **things** which were told her from the Lord.

```
W  H  A  C  A  M  E  T  O  P  A  S  S  Y  T
W  A  S  S  A  I  R  A  H  C  A  Z  E  O  T
H  B  L  E  S  S  E  D  E  N  A  B  M  J  E
R  E  H  T  O  M  O  D  J  F  A  H  H  W  Y
T  H  E  C  I  O  V  U  U  B  E  T  A  H  R
M  I  R  A  C  L  D  S  E  O  C  E  S  E  A
T  C  W  D  H  A  Y  I  F  L  L  B  T  N  M
S  B  O  D  E  A  T  I  H  A  T  A  E  C  W
O  E  M  U  D  T  L  H  I  L  L  S  A  E  S
H  L  B  L  N  L  U  B  S  G  N  I  H  T  O
G  I  R  N  E  T  F  L  S  T  O  L  E  N  L
Y  E  I  D  S  A  R  R  A  R  A  E  E  B  L
L  V  E  T  H  X  P  Y  U  S  A  M  X  O  M
O  E  K  A  P  S  R  E  P  I  O  E  R  L  C
H  D  S  O  U  N  D  E  D  W  T  D  K  N  Z
```

HIDDEN TRIVIA QUESTION:

____ ___ ___ ____
__ ___ _____
____ ____ ___
____ __ _____?

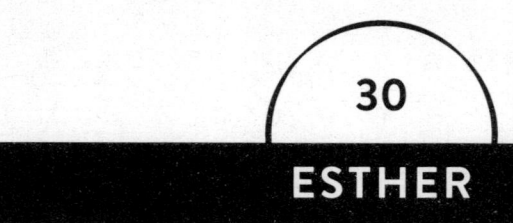

ESTHER

Esther 2:13–17

Then thus came every **maiden** unto the **king**; whatsoever she **desired** was given her to go with her out of the **house** of the **women** unto the king's house. In the **evening** she went, and on the **morrow** she returned into the second house of the women, to the **custody** of **Shaashgaz**, the king's **chamberlain**, which kept the **concubines**: she came in unto the king no more, except the king **delighted** in her, and that she were called by name. Now when the turn of **Esther**, the **daughter** of **Abihail** the uncle of **Mordecai**, who had taken her for his daughter, was come to go in unto the king, she required **nothing** but what **Hegai** the king's chamberlain, the **keeper** of the women, **appointed**. And Esther obtained **favour** in the sight of all them that looked upon her. So Esther was taken unto king **Ahasuerus** into his house **royal** in the tenth month, which is the month Tebeth, in the seventh year of his reign. And the king **loved** Esther above all the women, and she obtained **grace** and favour in his sight more than all the **virgins**; so that he set the royal crown upon her head, and made her **queen**.

```
S U R E U S A H A W H G A T P
R R E T H G U A D E N V I D G
O E U C S Y Q U E I E N E W N
O C F O P N D E K R S T I O I
A A D N I E D O H E H E S M H
Z R T C H D E E T G E O R E T
A G S U A I G R I S L P U N O
G E N B B A P L E O U A E S N
H E I I I M E V V R L C Y R E
S S G N H D E E U W O R R O M
A T R E A N D O Q U E E N A R
A H I S I C V D E S I R E D E
H E V N L A X M O R D E C A I
S R G X F A P P O I N T E D X
C H A M B E R L A I N F X Y Y
```

HIDDEN TRIVIA QUESTION:

___ _____
_____ __ _____
___ _____ _____ _____?

31

BATTLE OF JERICHO

Joshua 6:12–16, 20

And **Joshua** rose **early** in the **morning**, and the **priests** took up the **ark** of the Lord. And **seven** priests bearing seven **trumpets** of rams' horns before the ark of the Lord went on **continually**, and **blew** with the trumpets: and the **armed men** went before them; but the **rereward** came after the ark of the Lord, the priests going on, and blowing with the trumpets. And the **second** day they **compassed** the city once, and **returned** into the camp: so they did **six days**. And it came to pass on the **seventh** day, that they rose early about the **dawning** of the day, and compassed the city after the same **manner** seven times: only on that day they compassed the city seven times. And it came to pass at the seventh time, when the priests blew with the trumpets, Joshua said unto the **people**, **Shout**; for the Lord hath given you the city. . . . So the people shouted when the priests blew with the trumpets: and it **came to pass**, when the people heard the sound of the trumpet, and the people shouted with a great shout, that the **wall fell down** flat, so that the people went up into the city, every man **straight** before him, and they took the city.

```
M O R N I N G R E R E W A R D
H W H A T D S Y A D X I S I S
R T E P U T L L A B R L E W A
O M N A N R H L A E D N N H R
E E L E A P E A T S C W E C K
S D L E V I S U R T O O M A A
E T L P L E R N T R M D D M M
O S E O O N S I C A P L E E A
O P R P E E W T G I A L M T N
S D R D M E P N A G S E R O N
U E T I L U I O U H S F A P E
W O C B E N R C H T E U T A R
J A E O W S R T S I D C H S O
X X L A N L T T O N E V E S T
D Y D L G D X S J S H O U T T
```

HIDDEN TRIVIA QUESTION:

____ _____
_____ ___ _____
_____ __ _____
___ _____?

FOUR HORSEMEN

Revelation 6:2–8

And I saw, and **behold** a **white horse**: and he that sat on him had a **bow**; and a **crown** was given unto him: and he went forth **conquering**, and to conquer. And when he had opened the **second seal**, I heard the second **beast** say, **Come and see**. And there went out another horse that was **red**: and **power** was given to him that sat **thereon** to take **peace** from the earth, and that they should **kill** one **another**: and there was given unto him a great **sword**. And when he had opened the **third** seal, I heard the third beast say, Come and see. And I beheld, and lo a **black** horse; and he that sat on him had a **pair** of **balances** in his hand. And I heard a voice in the **midst** of the four beasts say, A **measure** of **wheat** for a **penny**, and three measures of **barley** for a penny; and see thou hurt not the **oil** and the **wine**. And when he had opened the **fourth** seal, I heard the voice of the fourth beast say, Come and see. And I looked, and behold a **pale** horse: and his name that sat on him was **Death**, and **Hell** followed with him. And power was given unto them over the fourth part of the earth, to kill with sword, and with **hunger**, and with death, and with the beasts of the earth.

```
W L A E S D N O C E S B H A E
T I W Y N N E P K A A S K T E
P O W E R H E C T L O I T D S
R E H T O N A A A C L L N R D
H T A E D L E N O L U P W I N
F M B H B T C N E Y R A H H A
O O E F I E Q S E E A L E T E
T L U H S U C L D R L E A S M
L H W R E T R D H R U B T A O
T W E R T A O L P E O S O R C
E O I R B H W O E T M W A W P
E N N E E D N H A I S I S E N
G W I N E O H E C E A A D V M
R E G N U H N B E E N E E S X
X X H O R S E P A I R B L B T
```

HIDDEN TRIVIA QUESTION:

____ ___ ___ _____
_____ __ _____
____ ____ _____
__ _____?

33
JESUS' DISCIPLES

Luke 6:13–18

And when it was day, he **called** unto him his **disciples**: and of them he chose **twelve**, whom also he named **apostles**; **Simon**, (whom he also **named Peter**,) and **Andrew** his **brother**, **James** and **John**, **Philip** and **Bartholomew**, **Matthew** and **Thomas**, James the son of **Alphaeus**, and Simon called **Zelotes**, and **Judas** the brother of James, and Judas **Iscariot**, which also was the **traitor**. And he came down with them, and **stood** in the **plain**, and the **company** of his disciples, and a great multitude of **people** out of all **Judaea** and Jerusalem, and from the **sea** coast of **Tyre** and **Sidon**, which came to hear him, and to be healed of their **diseases**; and they that were vexed with unclean spirits: and they were healed.

```
J U D A E A J O H N W H A B T
S S E S A E S I D S N R Y A I
I A T W E L V E E C S E N R K
D D Y N A M S L E D I H A T I
O U R S S D P E J E M T P H A
N J E E D I N A T S O O M O L
U A M O C A M O P O N R O L P
S A O S M A I W P O L B C O H
J T I E T R G D E L S E I M A
S D D T A V E E P R A T Z E E
T O H C T H E L B H D I L W U
R E S O T H E L R S I N N E S
W I R E T E P A J A M L A E S
T R A I T O R C S A N D I J O
E L P O E P H S A M O H T P N
```

HIDDEN TRIVIA QUESTION:

____ _____
___ _____ ____ __
___ _____
_____ ___ ____?

34 PENTECOST

Acts 2:1-6

And when the day of **Pentecost** was **fully** come, they were all with one **accord** in one **place**. And suddenly there came a **sound** from **heaven** as of a rushing **mighty wind**, and it **filled** all the **house** where they were **sitting**. And there **appeared** unto them cloven **tongues** like as of **fire**, and it sat upon each of them. And they were all **filled** with the **Holy Ghost**, and **began** to **speak** with other tongues, as the **Spirit** gave them **utterance**. And there were **dwelling** at **Jerusalem** Jews, **devout** men, out of every **nation** under heaven. Now when this was **noised** abroad, the multitude came together, and were confounded, because that every man heard them speak in his own **language**.

```
A C C O R D A P P E A R E D H
S M O T W T M T D A N Y Y P F
O E E F S S O P O E L L E I T
U L E I N O B E C N L A M U
N A C R O C H E B U G L O R O
D S N E I E N G F P E U I A V
G U A A S T N I Y D L L E F E
N R R E E N F A O L A A L S D
L E E S D E O G T N O W C E R
K J T U S P N I G I H H O E F
A J T O E I R U S E O U S O N
E T U H T I A H A I S N D A Y
P O F T P G P V E N A G E B N
S T I S E E E D W E L L I N G
C S O S D N I W Y T H G I M T
```

HIDDEN TRIVIA QUESTION:

___ ____ _____
_____ ____ _____
_____ __ _____
__ ____ ___ __
_____?

35
HAGAR AND ISHMAEL

Genesis 21:14–20

And **Abraham** rose up early in the **morning**, and took **bread**, and a bottle of **water**, and gave it unto **Hagar**, putting it on her **shoulder**, and the child, and sent her away: and she **departed**, and **wandered** in the **wilderness** of **Beersheba**. And the water was spent in the bottle, and she cast the **child** under one of the **shrubs**. And she went, and sat her down over **against** him a good way off, as it were a **bow shot**: for she said, Let me not see the **death** of the child. And she sat over against him, and lift up her **voice**, and **wept**. And **God** heard the voice of the lad; and the **angel** of God called to Hagar out of **heaven**, and said unto her, What aileth thee, Hagar? **fear not**; for God hath **heard** the voice of the lad where he is. **Arise**, lift up the lad, and hold him in thine **hand**; for I will make him a great **nation**. And God **opened** her **eyes**, and she saw a **well** of water; and she went, and **filled** the bottle with water, and gave the lad drink. And God was with the lad; and he grew, and dwelt in the wilderness, and became an **archer**.

```
S F I L L E D B S W E L L H O
S E S I R A O H D N A T I O N
E W M D A W O N A N G E L Y S
N O O N S U D E T R A P E D A
R G S H L W B R E A D H D B H
E D O D I D A R C H E R E E G
D T E O D S S T A Y I H A F A
L R S R D H M H E A S R M E G
I H T A E D H E R R D G A A A
W L T W N D O E E U N U H R I
L H P D E G N E A I B S A N N
R A E O P C B A N V E S R O S
W G W U O P I R W Y E T B T T
O A F A T H O O E E R N A X X
P R Z H V M D P V C H I L D R
```

HIDDEN TRIVIA QUESTION:

___ _____ _____ ___
___ ___ _____
_____ _____ __ __
_____?

36
NABAL

1 Samuel 25:9-14

And when David's **young men** came, they spake to **Nabal according** to all those **words** in the name of **David**, and **ceased**. And Nabal **answered** David's **servants**, and said, Who is David? and who is the son of **Jesse**? there be many servants now a **days** that **break** away every man from his **master**. Shall I then take my **bread**, and my **water**, and my **flesh** that I have **killed** for my **shearers**, and give it unto men, whom I know not **whence** they be? So David's young men **turned** their way, and went again, and came and told him all those **sayings**. And David said unto his men, **Gird** ye on every man his **sword**. And they girded on every man his sword; and David also girded on his sword: and there went up after David about four **hundred** men; and two hundred abode by the **stuff**. But one of the young men told **Abigail**, Nabal's **wife**, saying, Behold, David sent **messengers** out of the wilderness to **salute** our master; and he **railed** on them.

```
S S M A S T E R W B H E H A T
G A C C O R D I N G R U F H A
N L D E L L I K L P N E P I E
I U N E G S C A D D E S A T W
Y T O I Y E B A R F M S B D I
A E R A A A G E D F G E A S I
S D D S N W D R L U N J W R A
H S E L F S O D F T U T A E E
R D H E R W T R E S O H T G D
U S B A S N D N D N Y N E N A
A B W H E N C E A S R A R E V
D E R E W S N A L V D U I S I
E D S U D B R E A K R D T S D
L I A G I B A R A I L E D E E
N L S R E R A E H S Y X S M X
```

HIDDEN TRIVIA QUESTION:

____ _____ __
_____ _____ ___
_____ _____ ____
_____?

37

JESUS IN THE TEMPLE

Luke 2:43-49

And when they had **fulfilled** the days, as they **returned**, the **child Jesus** tarried behind in **Jerusalem**; and **Joseph** and his **mother** knew not of it. But they, supposing him to have been in the **company**, went a day's **journey**; and they **sought** him among their **kinsfolk** and acquaintance. And when they **found** him not, they turned back again to Jerusalem, seeking him. And it came to pass, that **after** three days they found him in the **temple**, sitting in the **midst** of the **doctors**, both **hearing** them, and **asking** them questions. And all that heard him were **astonished** at his understanding and **answers**. And when they saw him, they were **amazed**: and his mother said unto him, Son, why hast thou thus dealt with us? **behold**, thy father and I have sought thee **sorrowing**. And he said unto them, How is it that ye sought me? wist ye not that I must be about my Father's **business**?

```
A H O Y K I N S F O L K W D I
S M J D N A S T O N I S H E D
J R A E E A S U S B D B G E H
A V O Z S E P T O D E B N W A
R G D T E U M M E H L U I A R
Y N A A C D S N O G L S R A Y
J I N N D O R L N C I I A F E
E W S J O U D I S E F N E T N
R O W P T H K J O N L E H E R
U R E E C S O T T E U S B R U
S R R A A S E H C K F S I N O
A O S N E M G A Z A R O E T J
L S H P P U R E H T O M U X X
E K H L O G H C H I L D T N D
M Z E S C X T S D I M C R L D
```

HIDDEN TRIVIA QUESTION:

___ ___ _____

_____ _____ ____

___ _____ ____

____ __ _____ ?

38
LEAH'S SONS

Genesis 29:32–35; 30:17–20

And **Leah conceived**, and bare a son, and she called his name **Reuben**: for she said, Surely the LORD hath looked upon my **affliction**; now therefore my **husband** will **love** me. And she conceived again, and bare a son; and said, Because the LORD hath **heard** I was **hated**, he hath **therefore** given me this son also: and she called his name **Simeon**. And she conceived again, and bare a son; and said, Now this time will my husband be **joined** unto me, because I have born him **three** sons: therefore was his name called **Levi**. And she conceived **again**, and bare a son: and she said, Now will I **praise** the LORD: therefore she called his name **Judah**; and left **bearing**. . . . And God **hearkened** unto Leah, and she conceived, and bare Jacob the **fifth** son. And Leah said, God hath **given** me my **hire**, because I have given my **maiden** to my husband: and she called his name **Issachar**. And Leah conceived again, and bare Jacob the **sixth** son. And Leah said, God hath **endued** me with a good **dowry**; now will my husband **dwell** with me, because I have born him six sons: and she called his name **Zebulun**.

```
S I M E O N I S S A C H A R M
W H A D D E N E K R A E H T A
A T F E W A P R A I S E S H I
J T F T R E U B E N H E E R D
N O L A A M E O D O W R Y E E
G Z I H F T H H H E O O D E N
N E C N N H T E A F D E N A H
I B T U E X I D E G V D H T T
R U I E I D W R L I U R F W H
A L O S H E E O E E D I W U A
E U N S L H B C D H F R S O L
B N R L T O N I A G A B A E N
G I V E N O R T O J A D V E A
C O B A C N D D L N E I U A H
H E V O L X X T D K N N C J F
```

HIDDEN TRIVIA QUESTION:

_ _ _ _   _ _ _   _ _ _   _ _ _ _

_ _   _ _ _   _ _ _

_ _ _ _ _ _ _ _   _ _ _   _ _ _

_ _ _ _   _ _   _ _ _ _ _   _ _ _

_ _ _ _ ?

39
AFTER THE RESURRECTION

John 21:1-6

After these **things Jesus** shewed himself again to the **disciples** at the **sea** of **Tiberias**; and on this wise shewed he himself. There were **together** <u>**Simon Peter**</u>, and **Thomas** called **Didymus**, and **Nathanael** of Cana in **Galilee**, and the **sons** of **Zebedee**, and two other of his disciples. Simon Peter saith unto them, I go a **fishing**. They say unto him, We also go with thee. They went **forth**, and **entered** into a **ship** immediately; and that **night** they **caught** nothing. But when the **morning** was now come, Jesus stood on the **shore**: but the disciples knew not that it was Jesus. Then Jesus saith unto them, **Children**, have ye any meat? They **answered** him, No. And he said unto them, **Cast** the net on the right side of the ship, and ye shall find. They cast therefore, and now they were not able to **draw** it for the multitude of fishes.

```
W H N A T H A N A E L O W E R
R E H T E G O T N I G H T E T
R T H E T G N I H S I F S I P
G E N E R D L I H C Z H B I M
D A T J E S U S W E O E H S O
S I L E O C D I B R R S U S R
A C S I P I A E E I P M W L N
M E S C L N D U A W Y H A O I
O W D E I E O S G D R N R E N
H C E H E P E M I H S A D S G
T R R S T L L D I W T T G L E
S E E E D R T E E S H N S E S
O T T A O N O R S S I O F A Z
N F N E B E E F D H E E X X C
S A E J J D W N T T F T Q M R
```

HIDDEN TRIVIA QUESTION:

___ ____ ___ ___
_____ ___ ____
_____ ___ _____ __
_____?

40
TWELVE SPIES

Numbers 13:4–16

And these were their **names:** of the tribe of **Reuben**, **Shammua** the son of Zaccur. Of the tribe of **Simeon**, **Shaphat** the son of Hori. Of the tribe of **Judah**, **Caleb** the son of Jephunneh. Of the tribe of **Issachar**, **Igal** the son of Joseph. Of the tribe of **Ephraim**, **Oshea** the son of Nun. Of the tribe of **Benjamin**, **Palti** the son of Raphu. Of the tribe of **Zebulun**, **Gaddiel** the son of Sodi. Of the tribe of **Joseph**, namely, of the tribe of **Manasseh**, Gaddi the son of Susi. Of the tribe of **Dan**, **Ammiel** the son of Gemalli. Of the tribe of **Asher**, **Sethur** the son of Michael. Of the tribe of **Naphtali**, **Nahbi** the son of **Vophsi**. Of the tribe of Gad, **Geuel** the son of **Machi**. These are the names of the men which **Moses** sent to <u>spy out</u> the land. And Moses called Oshea the son of Nun **Jehoshua**.

```
I  W  H  A  S  E  S  O  M  R  S  S  N  T  D
B  G  I  D  M  P  N  G  E  O  H  E  Z  A  D
H  G  E  A  J  E  A  H  R  L  A  T  E  J  D
A  A  C  U  B  R  S  L  N  A  P  H  B  E  T
N  H  D  U  E  A  A  T  T  G  H  U  U  H  O
I  A  E  T  H  L  E  H  S  I  A  R  L  O  T
H  R  T  U  O  Y  P  S  C  I  T  W  U  S  O
N  G  O  O  B  E  L  A  C  A  M  D  N  H  S
I  P  H  E  S  S  A  N  A  M  S  E  I  U  I
M  G  A  D  D  I  E  L  I  J  L  S  O  A  S
A  S  H  A  M  M  U  A  O  E  H  E  I  N  E
J  S  A  S  A  R  R  S  I  P  E  W  A  R  M
N  D  F  O  R  H  E  M  O  O  S  H  E  A  A
E  T  H  E  P  P  M  V  I  R  F  A  I  T  N
B  H  X  E  H  A  X  N  A  P  H  T  A  L  I
```

HIDDEN TRIVIA QUESTION:

____ ___ ___ _____
__ ___ ___ ____
_____ __ _ _____
___ _____ _____?

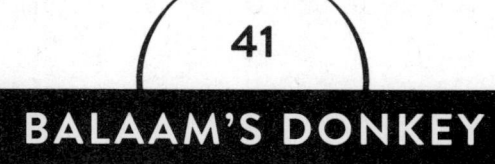

BALAAM'S DONKEY

Numbers 22:28-32

And the LORD **opened** the **mouth** of the ass, and she said unto **Balaam**, What have I done unto thee, that thou hast **smitten** me these **three** times? And Balaam said unto the ass, **Because** thou hast **mocked** me: I would there were a **sword** in mine **hand**, for now would I **kill** thee. And the <u>ass said</u> unto Balaam, Am not I thine ass, upon which thou hast **ridden** ever since I was **thine** unto this day? was I ever **wont** to do so unto thee? and he said, **Nay**. Then the LORD **opened** the eyes of Balaam, and he saw the **angel** of the LORD **standing** in the way, and his sword drawn in his hand: and he bowed down his **head**, and <u>fell flat</u> on his face. And the angel of the LORD said unto him, **Wherefore** hast thou smitten thine ass these three times? **behold**, I went out to **withstand** thee, because thy way is **perverse** before me.

```
W H A D T M D O D L O H E B A
R B D I E E T W R E E K I N T
G I W E N K O A O S R B A H F
L A D E N N C L W A O M R D E
T R P D T E E O S H F E A I L
V O E L E G P I M D E N G A L
B T O D N N V O S R R A I S F
S A N A I T W H M O E E D S L
N A L K I L L H I L H I S S A
H D O A N K E Y T S W A W A T
Y A N T A D N A T S H T I W T
H E A H N M G P E R V E R S E
E L O I F T H E N L M O U T H
O R D N S T A N D I N G X X W
R B H E T R E S U A C E B M V
```

HIDDEN TRIVIA QUESTION:

____ _____ ____
___ _____
_____ __ _____
____ ___ _____
___ ___ _____ __
___ _____?

42

JOSEPH'S DREAMS

Genesis 37:3–10

Now **Israel** loved **Joseph** more than all his **children**, because he was the son of his <u>old age</u>: and he made him a **coat** of many **colours**. And when his **brethren** saw that their father loved him more than all his brethren, they hated him, and could not **speak peaceably** unto him. And Joseph **dreamed** a dream, and he told it his brethren: and they hated him yet the more. And he said unto them, Hear, I pray you, this dream which I have dreamed: For, **behold**, we were **binding sheaves** in the **field**, and, lo, my sheaf arose, and also **stood upright**; and, behold, your sheaves stood **round** about, and made **obeisance** to my sheaf. And his brethren said to him, Shalt thou indeed **reign** over us? or shalt thou indeed have **dominion** over us? And they hated him yet the more for his dreams, and for his words. And he dreamed yet another dream, and told it his brethren, and said, Behold, I have dreamed a dream more; and, behold, the **sun** and the **moon** and the **eleven stars** made obeisance to me. And he told it to his **father**, and to his brethren: and his father **rebuked** him, and said unto him, What is this dream that thou hast dreamed? Shall I and thy **mother** and thy brethren indeed come to <u>bow down</u> ourselves to thee to the **earth**?

```
W H D O M I N I O N I C H W I
F B E H O L D E O R C C E Y O
H T S N S R A T S O H L D L C
T B H U U B I T L P E D E B M
R I N G N E O O E V E O K A O
A N L C I O U S E M F J U E O
E D E O D R O N A O A C B C N
O I A A S J P E B W L A E A F
S N R T T H R U E F M D R E A
D G S O T D H E R O I F A P T
N J I K N C H I L D R E N G H
U O S G A N W O D W O B L E E
O P I O B E I S A N C E H D R
R E X X G Q P N E R H T E R B
R S E V A E H S M O T H E R Q
```

HIDDEN TRIVIA QUESTION:

_ _ _ _ _ _ _ _ _ _ _
_ _ _ _ _ _ _ _ _ _ _ _ _ _ _ _
_ _ _ _ _ _ _ _ _ _ _ _ _ _
_ _ _ _ _ _ ?

43

THE ARK OF THE COVENANT

Exodus 37:1-9

And **Bezaleel** made the **ark** of **shittim wood**: two **cubits** and a half was the **length** of it, and a cubit and a half the **breadth** of it, and a cubit and a half the **height** of it: and he **overlaid** it with pure **gold** within and without, and made a **crown** of gold to it **round** about. And he cast for it <u>**four rings**</u> of gold, to be set by the four **corners** of it; even two rings upon the one side of it, and two rings upon the other side of it. And he made **staves** of shittim wood, and overlaid them with gold. And he put the staves into the rings by the sides of the ark, to **bear** the ark. And he made the <u>**mercy seat**</u> of pure gold: two cubits and a half was the length thereof, and one cubit and a half the breadth thereof. And he made two **cherubims** of gold, **beaten** out of one **piece** made he them, on the two ends of the mercy seat; one **cherub** on the end on this side, and another cherub on the other end on that side: out of the mercy seat made he the cherubims on the two ends thereof. And the cherubims spread out their **wings** on **high**, and **covered** with their wings over the mercy seat, with their **faces** one to **another**; even to the mercy **seatward** were the faces of the cherubims.

```
W H C C R O W N C O V E R E D
O W O A L S T R A E B H E L C
D F R A E S T R E H T O N A U
I A N B E I S H I T T I M B B
A C E L L T C E C H A R A C I
L E R T A E H H T D A E R B T
R S S V Z R G T E M E S O S S
E O E S E C I E E R E C G E T
V S U D B H H R E A U N E A R
O K L N O T C E T F I B B I L
W O T K D Y H W R R W E I E P
G I R H S E A G R U A O N M C
O A N E V R E U I T B G O N S
A N A G D T O X E E T X L D R
J T C C S F R N T H H M Q R L
```

HIDDEN TRIVIA QUESTION:

___ ___ ___ ____

____ _____ __

___ ___ ___ __ ___

_____?

44

ON AND OFF THE MENU

Leviticus 11:4–11

Nevertheless these shall ye **not eat** of them that **chew** the **cud**, or of them that **divide** the **hoof:** as the **camel**, because he cheweth the cud, but divideth not the hoof; he is **unclean** unto you. And the **coney**, because he cheweth the cud, but divideth not the hoof; he is unclean unto you. And the **hare**, because he cheweth the cud, but divideth not the hoof; he is unclean unto you. And the **swine**, though he divide the hoof, and be **clovenfooted**, yet he cheweth not the cud; he is unclean to you. Of their **flesh** shall ye not eat, and their **carcase** shall ye not **touch**; they are unclean **to you**. These shall ye eat of **all that** are in the **waters: whatsoever** hath fins and **scales** in the waters, in the **seas**, and in the rivers, them shall ye eat. And all that have not **fins** and scales in the seas, and in the **rivers**, of all that move in the waters, and of any **living** thing which is in the waters, they shall be an **abomination** unto you: They shall be **even** an abomination unto you; ye shall not eat of their flesh, but ye **shall have** their carcases in abomination.

```
W H A T S O E V E R C S W H A
A T U O Y O T S E E A S S D B
C H E W W T R R V A R E R E O
M S I N O E A A D G C L S T M
I N C U T H H S I E A E E O I
C T C A S L W E V F S H A O N
R H W E L T T H I E E T S F A
I S R A A E A N D A E R L N T
I T H E R N S H E E S E P E I
E S T H G I A F T N E V E V O
R O O M I N V E L L T E Y O N
N O T C E D I E L E L N E L T
F O E A U T X V R C S A N C X
S W I N E D L P I S N H O L R
T L L E M A C V K L X U C M Y
```

HIDDEN TRIVIA QUESTION:

____ _____

_____ ____ ___

_____

_____ __ ___?

45

TEMPTATION OF JESUS

Matthew 4:3–11

And when the **tempter** came to him, he said, If thou be the **Son of God**, **command** that these **stones** be made **bread**. But he **answered** and said, It is **written**, **Man** shall not live by bread alone, but by every **word** that **proceedeth** out of the **mouth** of **God**. Then the **devil** taketh him up into the <u>**holy city**</u>, and setteth him on a **pinnacle** of the **temple**, and saith unto him, If thou be the Son of God, cast **thyself** down: for it is written, He shall give his **angels charge concerning** thee: and in their **hands** they shall bear thee up, lest at any **time** thou dash thy foot against a stone. Jesus said unto him, It is written again, Thou shalt not tempt the Lord thy God. Again, the devil taketh him up into an exceeding high **mountain**, and sheweth him all the **kingdoms** of the **world**, and the **glory** of them; and saith unto him, All these things will I give thee, if thou wilt fall down and **worship** me. Then saith **Jesus** unto him, Get thee hence, **Satan**: for it is written, Thou shalt worship the Lord thy God, and him only shalt thou serve. Then the devil leaveth him, and, behold, angels came and ministered unto him.

```
H E O S W M N E T T I R W A A
N E L C A N N I P Y D A N K N
Y S D P D T H A N D S S I I H
F D E I M D A J M E W N A O H
L R V S U E S N G E G T L T C
E O I M O U T H R D N Y E H G
S W L O R W I E O U C D A T N
Y S B S E H D M O I E R D O I
H U R U T T S M T E G O D S N
T S E F P O O Y C E G O L D R
I E A N M T N O H F E E R W E
I J D L E D R E O E G R O N C
T I M E T P E N S N S O W S N
X P I H S R O W A X V M D H O
G L O R Y S J C O M M A N D C
```

HIDDEN TRIVIA QUESTION:

___ ____ ____ ___ ____ __ _____ ____ __ ___ _____?

46

SAMSON AND DELILAH

Judges 16:16-21

And it came to pass, when she **pressed** him **daily** with her words, and **urged** him, so that his soul was **vexed** unto **death**; that he told her all his heart, and said unto her, There hath not come a **razor** upon mine head; for I have been a **Nazarite** unto God from my mother's womb: if I be **shaven**, then my strength will go from me, and I shall become **weak**, and be like any other man. And when **Delilah** saw that he had told her all his heart, she sent and called for the **lords** of the **Philistines**, saying, Come up this once, for he hath shewed me all his heart. Then the lords of the Philistines came up unto her, and brought **money** in their hand. And she made him **sleep** upon her **knees**; and she called for a man, and she **caused** him to shave off the **seven locks** of his head; and she began to **afflict** him, and his strength went from him. And she said, The Philistines be upon thee, **Samson**. And he **awoke** out of his sleep, and said, I will go out as at other times before, and shake **myself**. And he wist not that the Lord was **departed** from him. But the Philistines took him, and put out his eyes, and brought him down to **Gaza**, and bound him with **fetters** of brass; and he did **grind** in the **prison** house.

```
V  H  O  W  D  M  M  A  W  O  K  E  U  N  C
H  E  S  I  L  N  N  O  S  I  R  P  O  P  V
E  D  X  R  D  R  I  I  N  S  D  S  D  H  S
T  E  H  E  A  E  P  R  L  E  M  H  E  I  K
A  P  I  Z  D  L  N  E  G  A  Y  I  S  L  C
F  A  O  S  T  I  E  E  S  N  E  S  S  I  O
F  R  P  K  R  P  O  M  V  I  H  Y  E  S  L
L  T  D  A  L  O  R  D  S  A  L  S  R  T  N
I  E  E  E  E  D  E  L  L  I  H  I  P  I  E
C  D  A  W  L  A  M  I  A  D  H  S  I  N  V
T  F  T  S  H  Y  L  D  E  D  E  E  L  E  E
I  V  H  E  S  E  R  E  D  S  G  S  A  S  S
U  R  G  E  D  S  E  E  N  K  M  A  U  S  O
N  T  L  O  S  R  E  T  T  E  F  T  Z  A  H
E  F  E  T  I  R  A  Z  A  N  M  X  X  A  C
```

HIDDEN TRIVIA QUESTION:

___ ____ _____
___ ___
_____
_____ _____
__ ___ _____
_____ __ ____?

47

JOSEPH SOLD BY HIS BROTHERS

Genesis 37:21–27

And **Reuben** heard it, and he **delivered** him out of their **hands**; and said, Let us not **kill** him. And Reuben said unto them, **Shed** no **blood**, but <u>**cast him**</u> into <u>**this pit**</u> that is in the wilderness, and lay no hand upon him; that he might rid him out of their hands, to **deliver** him to his **father** again. And it came to pass, when **Joseph** was come unto his brethren, that they stript Joseph out of his **coat**, his coat of many **colours** that was on him; and they took him, and cast him into a pit: and the pit was **empty**, there was no **water** in it. And they sat down to eat **bread**: and they **lifted** up their eyes and **looked**, and, **behold**, a **company** of **Ishmeelites** came from **Gilead** with their **camels** bearing **spicery** and **balm** and **myrrh**, going to carry it down to **Egypt**. And Judah said unto his brethren, What profit is it if we slay our **brother**, and conceal his **blood**? Come, and let us sell him to the Ishmeelites, and let not our hand be upon him; for he is our brother and our flesh. And his brethren were **content**.

```
F O R S H J O S E P H O W M S
U C H H C O M P A N Y M O S L
T Y R E C I P S N C E Y D E E
R I I D O O L B D H O K I T M
E S P O L D R E T A W A I I A
V D E S R H A N D S D N T L C
I G B B I R R E O E E E N E L
L I T A E H H E R D T B E E C
E L R H L S T E E B F U T M O
D E T S B M V K E E I E N H L
L A L L J I O G E O L R O S O
F D O S L O Y M Y R R H C I U
E O P E L P P M I H T S A C R
D H D X T T B R O T H E R X S
Q L D Y Y R C Q B E H O L D J
```

HIDDEN TRIVIA QUESTION:

_ _ _ _ _ _ _ _ _ _ _ _ _ _

_ _ _ _ _ _ _ _ _ _ _

_ _ _ _ _ _ _ _ _ _ _ _

_ _ _ _ _ _ ?

48
THE PARABLE OF THE SOWER

Luke 8:4–10

And when much **people** were gathered together, and were come to him out of every **city**, he **spake** by a **parable**: A sower went out to sow his **seed**: and as he sowed, some **fell** by the **way side**; and it was **trodden** down, and the **fowls** of the air **devoured** it. And some fell upon a **rock**; and as soon as it was **sprung up**, it **withered** away, because it lacked **moisture**. And some fell among **thorns**; and the thorns sprang up with it, and **choked** it. And other fell on good **ground**, and sprang up, and bare **fruit** an hundredfold. And when he had said these **things**, he cried, He that hath **ears** to hear, let him hear. And his **disciples** asked him, saying, What might this parable be? And he said, Unto you it is given to **know** the **mysteries** of the **kingdom** of **God**: but to others in parables; that **seeing** they might not see, and hearing they might not **understand**.

```
W S P R U N G U P H A T D I D
S E S E E I N G J S S P A K E
E L E S U S W T H O R N S W T
E P E L L H K I I S D A O I F
D I R O C K I N T S C N E E D
M C M I G P N P E H K D L L N
Y S O E R S G T A D E L H A A
S I I T O E D T H R D R E S T
T D S E U L O E U Y A O E F S
E D T I N P M O T N T B R D R
R S U H D O V I I S P U L T E
I L R A R E C S G N I H T E D
E W E A D P B L E T G R E P N
S O R E E D I S Y A W O S E U
N F T S D E K O H C X X D L L
```

HIDDEN TRIVIA QUESTION:

____ ___ _____

____ ___ _____

____ ___ ____ __

____ _____

_____?

49
LUKE, THE HISTORIAN

Luke 1:1–4

Forasmuch as **many** have **taken** in **hand** to set **forth** in **order** a declaration of those **things which** are most **surely believed among us**, even as they **delivered** them unto us, which from the **beginning** were **eyewitnesses**, and **ministers** of the **word**; it seemed **good** to me also, having had perfect **understanding** of all things from the very **first**, to **write** unto thee in order, most excellent **Theophilus**, that thou **mightest** know the **certainty** of those things, wherein thou hast been **instructed**.

```
W  U  N  D  E  R  S  T  A  N  D  I  N  G  H
I  F  C  H  O  D  E  L  I  V  E  R  E  D  T
D  B  O  H  E  H  A  N  D  R  S  B  O  O  E
E  Y  E  R  I  N  S  T  R  U  C  T  E  D  Y
V  T  K  G  T  O  M  I  G  H  T  E  S  T  E
E  N  H  C  I  H  W  N  F  D  M  T  H  E  W
I  I  B  I  E  N  O  B  L  I  O  E  W  T  I
L  A  A  T  S  M  N  A  N  D  D  O  H  R  T
E  T  I  E  A  S  T  I  S  E  Y  I  G  O  N
B  R  D  T  O  T  S  Y  N  H  N  E  M  R  E
W  E  A  N  N  T  R  N  L  G  A  A  M  D  S
E  C  D  E  E  T  I  H  S  E  M  E  O  E  S
P  H  K  R  I  L  F  U  S  X  R  X  B  R  E
P  A  S  T  H  E  O  P  H  I  L  U  S  J  S
T  M  V  K  T  M  D  R  O  W  H  L  S  J  V
```

HIDDEN TRIVIA QUESTION:

_ _ _ _ _ _ _ _ _ _ _ _ _ _
_ _ _ _ _ _ _ _ _ _ _ _ _
_ _ _ _ _ _ _ _ _ _ _ _ _ _
_ _ _ _ _ _ _ _
_ _ _ _ _ _ _ _ _ _?

TRESPASS OFFERING

Leviticus 5:1-6

And if a soul sin, and hear the **voice** of **swearing**, and is a **witness**, whether he hath **seen** or **known** of it; if he do not **utter** it, then he shall bear his **iniquity**. Or if a soul **touch** any **unclean** thing, whether it be a **carcase** of an unclean **beast**, or a carcase of unclean **cattle**, or the carcase of unclean **creeping** things, and if it be **hidden** from him; he also shall be unclean, and **guilty**. Or if he touch the uncleanness of man, whatsoever uncleanness it be that a man shall be **defiled** withal, and it be hid from him; when he **knoweth** of it, then he shall be guilty. Or if a soul swear, pronouncing with his lips to do evil, or to do good, whatsoever it be that a man shall pronounce with an **oath**, and it be hid from him; when he knoweth of it, then he shall be guilty in one of these. And it shall be, when he shall be guilty in one of these things, that he shall **confess** that he hath **sinned** in that thing: and he shall bring his **trespass** offering unto the LORD for his sin which he hath sinned, a **female** from the **flock**, a **lamb** or a kid of the **goats**, for a sin offering; and the **priest** shall make an **atonement** for him concerning his sin.

```
W  H  T  E  W  O  N  K  H  A  T  C  O  U  N
H  T  A  O  L  S  T  A  O  G  D  A  N  I  A
S  R  A  E  L  I  T  E  B  B  E  A  S  T  E
D  S  Y  T  I  U  Q  I  N  I  R  K  G  A  L
I  R  E  W  I  T  N  E  S  S  C  U  S  T  C
N  F  O  E  G  A  S  A  N  O  I  G  S  O  N
O  E  T  L  N  F  F  E  L  L  N  R  A  N  U
C  M  S  H  E  I  N  F  T  I  G  U  P  E  D
R  A  E  I  C  K  I  Y  R  C  T  F  S  M  E
E  L  I  D  I  N  H  A  E  T  A  A  E  E  N
E  E  R  D  O  O  E  C  E  H  C  T  R  N  N
P  O  P  E  V  W  U  R  L  R  C  D  T  T  I
I  N  O  N  S  N  T  A  A  F  F  U  O  L  S
N  S  S  E  F  N  O  C  R  D  A  L  O  A  E
G  L  A  M  B  M  D  E  L  I  F  E  D  T  B
```

HIDDEN TRIVIA QUESTION:

____ _____ __

_____ _____

__ __ _____ __

__ _____ ___

_____ _ _____?

TEN LEPERS

Luke 17:11–18

And it came to pass, as he went to **Jerusalem**, that he passed through the **midst** of **Samaria** and **Galilee**. And as he **entered** into a certain **village**, there met him <u>**ten men**</u> that were **lepers**, which stood afar off: and they **lifted** up their **voices**, and said, **Jesus**, Master, have **mercy** on us. And when he saw them, he said unto them, Go shew **yourselves** unto the **priests**. And it came to pass, that, as they went, they were **cleansed**. And <u>**one of them**</u>, when he saw that he was **healed**, **turned** back, and with a loud voice **glorified** God, and **fell** down on his **face** at his feet, giving him **thanks**: and he was a **Samaritan**. And Jesus answering said, Were there not ten cleansed? but where are the **nine**? There are not found that returned to give glory to God, save this **stranger**.

```
W  H  D  A  T  M  D  S  A  M  A  R  I  A  D
E  I  E  D  S  E  E  J  E  M  N  S  U  S  S
N  Y  T  R  A  L  I  S  G  D  E  I  A  Y  H
T  O  F  E  M  A  F  A  R  A  E  R  N  D  M
E  U  I  G  A  S  I  A  D  E  L  L  C  E  E
R  R  L  N  R  U  R  T  H  E  P  I  A  Y  G
E  S  R  A  I  R  O  A  T  R  V  E  L  E  E
D  E  F  R  T  E  L  U  I  I  L  L  L  E  H
D  L  H  T  A  J  G  E  L  J  E  S  U  S  E
E  V  E  S  N  S  S  L  T  F  A  L  E  D  M
N  E  A  N  E  T  A  S  W  H  O  F  A  C  E
R  S  L  C  S  G  D  D  E  S  N  A  E  L  C
U  E  I  X  E  I  X  P  N  E  M  N  E  T  Z
T  O  D  N  M  D  X  T  H  A  N  K  S  L  Q
V  L  Z  M  E  H  T  F  O  E  N  O  W  R  Z
```

HIDDEN TRIVIA QUESTION:

_ _ _ _ _ _ _ _ _ _ _ _ _ _ _ _
_ _ _ _ _ _ _ _ _ _
_ _ _ _ _ _ _ _ _ _ _ _ _ _
_ _ _ _ _ _ _ _?

52
CHARITY...OR LOVE

1 Corinthians 13:4–8

Charity suffereth long, and is **kind**; charity **envieth** not; charity **vaunteth** not itself, is not **puffed up**, doth not **behave** itself **unseemly**, **seeketh** not her own, is not easily **provoked**, thinketh no **evil**; **rejoiceth** not in **iniquity**, but rejoiceth in the **truth**; **beareth** all things, **believeth** all things, **hopeth** all things, **endureth** all things. Charity never **faileth**: but whether there be **prophecies**, they shall fail; whether there be **tongues**, they shall **cease**; whether there be **knowledge**, it shall **vanish** away.

```
H T E R A E B W H A D T V E R
V S E E E S E I C E H P O R P
O A F N T J H C K I N D E B I
B L N E V S O O E S A H Y P H
H I S I S I V I E A T P U K T
T N H E S O E U C E S F V N E
E I Y T R H G T R E F E A O P
K Q T P E N Y E H E T C U W O
E U I I O V F L D F T H N L H
E I R T I F E U M R C A T E L
S T A L U Y P I U E T H E D A
T Y H S G O D T L I E S T G L
O V C E V A H E B E E S H E X
H T E R U D N E X X B C N G Z
K F A I L E T H E V I L R U W
```

HIDDEN TRIVIA QUESTION:

_ _ _ _   _ _ _ _ _   _ _   _ _ _

_ _ _ _   _ _ _ _

_ _ _ _ _ _ _ _ _ _

_ _ _ _   _ _ _   _ _   _ _ _ _ _ ?

THE GOOD SAMARITAN

Luke 10:30-35

And **Jesus** answering said, A **certain** man went down from **Jerusalem** to **Jericho**, and fell among **thieves**, which **stripped** him of his **raiment**, and **wounded** him, and **departed**, leaving him <u>**half dead**</u>. And by **chance** there came down a certain **priest** that way: and when he saw him, he passed by on the <u>**other side**</u>. And likewise a **Levite**, when he was at the **place**, came and **looked** on him, and passed by on the other side. But a certain **Samaritan**, as he **journeyed**, came where he was: and when he saw him, he had **compassion** on him, and went to him, and **bound** up his **wounds**, pouring in **oil** and **wine**, and set him on his own **beast**, and brought him to an inn, and took care of him. And on the **morrow** when he **departed**, he took out two **pence**, and gave them to the host, and said unto him, Take care of him; and whatsoever thou spendest more, when I come again, I will **repay** thee.

```
W  H  A  T  Q  C  O  M  P  A  S  S  I  O  N
D  E  P  A  R  T  E  D  E  C  A  L  P  A  U
D  E  Y  E  N  R  U  O  J  D  E  S  T  T  I
O  N  D  I  D  C  H  A  N  C  E  I  T  D  H
I  J  E  R  U  S  A  L  E  M  R  K  A  S  S
D  P  E  A  R  A  E  B  P  A  T  E  O  T  L
E  E  O  R  O  V  W  D  M  R  D  S  R  O  N
T  T  T  F  I  I  J  A  E  F  I  I  A  I  L
R  H  H  T  N  C  S  W  L  D  P  E  A  E  E
A  I  E  E  S  D  H  A  O  P  N  T  S  S  B
P  E  R  C  U  N  H  O  E  U  R  U  U  T  S
E  V  S  N  S  U  A  D  N  E  N  E  O  S  O
D  E  I  E  E  O  W  E  C  R  X  D  P  W  I
X  S  D  P  J  B  W  O  R  R  O  M  S  A  L
N  Y  E  L  T  N  E  M  I  A  R  Z  N  R  Y
```

HIDDEN TRIVIA QUESTION:

____ _____ ___
____ _____ __
_____ _____?

111

54
PASSOVER

Exodus 12:21-27

Then **Moses** called for all the **elders** of Israel, and said unto them, <u>Draw out</u> and take you a **lamb** according to your **families**, and kill the **passover**. And ye shall take a bunch of **hyssop**, and dip it in the **blood** that is in the **bason**, and **strike** the **lintel** and the two <u>side posts</u> with the blood that is in the bason; and none of you shall go out at the door of his **house** until the **morning**. For the Lord will pass through to smite the **Egyptians**; and when he seeth the blood upon the lintel, and on the two side posts, the Lord will pass over the door, and will not suffer the **destroyer** to come in unto your houses to smite you. And ye shall **observe** this thing for an ordinance to thee and to thy sons for ever. And it shall come to pass, when ye be come to the land which the Lord will give you, according as he hath **promised**, that ye shall keep this **service**. And it shall come to pass, when your **children** shall say unto you, What mean ye by this service? That ye shall say, It is the **sacrifice** of the Lord's passover, who passed over the houses of the children of **Israel** in Egypt, when he smote the Egyptians, and delivered our houses.

```
L  I  H  W  H  O  W  A  D  R  A  W  O  U  T
S  A  S  O  S  P  A  R  L  I  N  T  E  L  E
D  F  M  R  U  E  C  I  F  I  R  C  A  S  W
H  A  E  B  A  S  S  T  S  O  P  E  D  I  S
N  M  T  H  E  E  E  I  S  L  S  R  A  E  L
I  I  T  E  S  K  L  E  O  P  E  P  U  T  S
T  L  H  S  I  E  V  R  A  S  S  A  C  R  S
M  I  C  R  N  R  D  S  R  I  O  F  E  E  E
O  E  T  H  E  A  S  I  D  C  M  D  I  Y  R
R  S  A  S  I  O  I  L  B  O  L  L  O  O  V
N  N  B  O  V  L  D  T  O  E  O  N  T  R  I
I  O  H  E  E  I  D  R  P  D  O  L  O  T  C
N  S  R  R  P  O  S  R  T  Y  S  X  B  S  E
G  A  P  R  O  M  I  S  E  D  G  X  Q  E  G
W  B  P  O  S  S  Y  H  L  N  T  E  J  D  Z
```

HIDDEN TRIVIA QUESTION:

__ ___ _____

____ ___

_____ ___ ___

_____ _____

__ _____ _____?

55
GOD'S HOLY MOUNTAIN

Isaiah 11:6–10

The **wolf** also shall **dwell** with the lamb, and the **leopard** shall lie down with the **kid**; and the **calf** and the young **lion** and the **fatling** together; and a <u>**little child**</u> shall **lead** them. And the **cow** and the **bear** shall **feed**; their **young** ones shall lie down together: and the lion shall eat **straw** like the ox. And the **sucking** child shall play on the **hole** of the **asp**, and the **weaned** child shall put his **hand** on the **cockatrice**' den. They shall not **hurt** nor destroy in all my holy **mountain**: for the **earth** shall be full of the **knowledge** of the LORD, as the **waters** cover the sea. And in that day there shall be a root of **Jesse**, which shall **stand** for an **ensign** of the people; to it shall the Gentiles seek: and his rest shall be **glorious**.

```
D L I H C E L T T I L W H L K
A E T K T R E H A N D E I L N
I S K M I H G L O R I O U S O
E S F P O D U R O P N H E T W
C E L I C U D R O L W N A M L
O J O E O E N L T F O J E S E
C U W G N I L T A F C S S B D
K E G A S E Y I A E N U S R G
A D E T W R D O A I C H A S E
T W A D C N E R U K N E I T S
R P A E A S T T I N B S A R G
I E O T L H F N A E G I S A P
C A S I F A G H X W L X J W S
E L E O P A R D B K N O R W A
E N S I G N C F E E D Y H M Z
```

HIDDEN TRIVIA QUESTION:

_ _ _ _ _ _ _ _ _ - _ _ _ _ _

_ _ _ _ _ _ _ _ _ _ _ _ _ _ _ _ _

_ _ _ _ _ _ _ _ _ _ _ _ _ _ _

_ _ _ _ _ _ _ _ _ _ _ _ _ _ _ _ ?

GOD'S SON

Hebrews 1:1–4

God, who at **sundry times** and in **divers manners** spake in <u>**time past**</u> unto the **fathers** by the **prophets**, hath in these <u>**last days spoken**</u> unto us by **his Son**, whom he hath appointed **heir** of all **things**, by whom also he made the **worlds**; who being the **brightness** of his **glory**, and the express **image** of his **person**, and **upholding** all things by the **word** of his **power**, when he had by himself **purged** our sins, sat down on the right hand of the **Majesty** on high: being made so much **better** than the **angels**, as he hath by inheritance obtained a more **excellent name** than they.

```
W  H  A  M  A  J  E  S  T  Y  T  U  D  I  R
S  S  E  N  T  H  G  I  R  B  D  P  T  E  M
T  N  E  L  L  E  C  X  E  H  T  H  W  E  A
V  O  I  C  T  I  M  E  S  I  E  O  O  F  N
S  G  B  E  T  T  E  R  M  D  P  L  O  D  N
Y  H  I  S  S  O  N  E  W  O  R  D  A  P  E
A  R  R  O  C  S  P  P  L  G  A  I  N  I  R
D  T  O  M  W  A  T  H  U  N  E  N  G  P  S
T  H  N  L  S  D  W  E  E  R  Y  G  E  E  J
S  I  E  T  G  O  I  K  H  R  G  S  L  R  U
A  N  S  H  R  W  O  V  D  P  N  E  S  S  E
L  G  A  L  E  P  S  N  E  A  O  B  D  O  G
A  S  D  P  S  I  U  T  M  R  I  R  Z  N  A
E  S  D  X  X  S  R  E  F  Y  S  K  P  C  M
Y  Z  R  S  R  E  H  T  A  F  V  K  M  M  I
```

HIDDEN TRIVIA QUESTION:

_ _ _ _   _ _ _   _ _ _   _ _ _ _ _ _
_ _   _ _ _   _ _ _ _ _ _ _ _
_ _ _ _   _ _ _ _ _   _ _ _
_ _ _ _ _ _ _ _ ?

117

NICODEMUS

John 3:1–7

There was a **man** of the **Pharisees**, named **Nicodemus**, a **ruler** of the **Jews**: The same came to **Jesus** by **night**, and said unto him, **Rabbi**, we know that thou art a **teacher** come from **God**: for no man can do these **miracles** that thou doest, **except** God be <u>**with him**</u>. Jesus **answered** and said unto him, **Verily**, verily, I say unto thee, **Except** a man be <u>**born again**</u>, he **cannot** see the **kingdom** of God. Nicodemus saith unto him, How can a man be born when he is **old**? can he **enter** the **second time** into his mother's **womb**, and be born? Jesus answered, Verily, verily, I say unto thee, Except a man be born of **water** and of the **Spirit**, he cannot **enter** into the kingdom of God. That which is born of the **flesh** is flesh; and that which is born of the Spirit is spirit. **Marvel** not that I **said** unto thee, Ye must be born again.

```
W  M  I  R  A  C  L  E  S  H  A  T  P  H  S
T  R  A  S  N  I  C  O  D  E  M  U  S  E  E
J  P  D  E  F  I  T  R  E  T  A  W  E  M  I
E  D  E  L  X  O  B  R  T  N  J  S  E  A  N
W  S  E  C  N  C  E  B  S  I  I  S  U  R  I
S  S  E  N  X  T  E  W  A  R  R  W  S  V  A
H  U  A  C  N  E  E  P  A  R  T  I  S  E  G
M  C  R  E  O  R  E  H  T  T  I  T  P  L  A
O  O  E  D  E  N  P  E  S  C  M  H  R  S  N
D  I  H  D  B  R  D  E  H  I  E  H  S  V  R
G  I  C  S  I  T  U  J  T  H  G  I  N  O  O
N  N  A  R  N  W  E  L  I  C  S  M  O  D  B
I  A  E  D  O  S  E  M  E  U  S  A  O  L  D
K  M  T  M  U  E  N  T  E  R  X  G  I  X  K
D  Q  B  S  K  Y  L  I  R  E  V  C  L  D  Q
```

HIDDEN TRIVIA QUESTION:

____ _____ ___
____ ___ __
_____ ___
_____ _____?

JUDAS

John 12:3-8

Then took **Mary** a **pound** of **ointment** of **spikenard**, very **costly**, and **anointed** the **feet** of **Jesus**, and **wiped** his feet with her **hair**: and the **house** was **filled** with the **odor** of the ointment. Then saith one of his **disciples**, **Judas** Iscariot, Simon's son, which should **betray** him, Why was not this ointment **sold** for **three hundred pence**, and **given** to the **poor**? This <u>**he said**</u>, not that he **cared** for the poor; but **because** he was a **thief**, and had the bag, and bare what was put **therein**. Then said Jesus, Let her alone: against the day of my **burying** hath she kept this. For the poor **always** ye have with you; but me ye have not always.

```
H G O Y D I A S E H W D I D J
U I D R A S S I S A D U J S C
A V R A D I P O F A D T D D I
E E C M E A F I N I T E I E R
H N O I P S Y O K D L S R A W
O F S U I L I A N E C L R A F
D B T E W N T U R I N I E E C
O R L A T Y O A P T A A I D B
R E Y E L P O L P H E H R F U
S S D J E S E O U S T B E D R
Y U U P C S O I N T M E N T Y
A A D S E R H U N D R E D H I
W C L R E N I S T H E R E I N
L E O T X J C X T T E E F G
A B S Q D R F E H O U S E T B
```

HIDDEN TRIVIA QUESTION:

___ ___ _____
_____ ___ _____
___ _____ _____
__ _____ _____?

SAMUEL AND SAUL

1 Samuel 15:16-22

Then **Samuel** said unto **Saul**, Stay, and I will tell thee what the LORD hath said to me this **night**. And he said unto him, Say on. And Samuel said, When thou wast little in thine own sight, wast thou not made the head of the **tribes** of **Israel**, and the LORD anointed thee king over Israel? And the LORD sent thee on a **journey**, and said, Go and **utterly destroy** the **sinners** the **Amalekites**, and **fight** against them until they be **consumed**. Wherefore then didst thou not **obey** the **voice** of the LORD, but didst fly upon the **spoil**, and didst **evil** in the **sight** of the LORD? And Saul said unto Samuel, Yea, I have obeyed the voice of the LORD, and have gone the way which the LORD sent me, and have **brought Agag** the king of Amalek, and have utterly destroyed the Amalekites. But the **people** took of the spoil, **sheep** and **oxen**, the chief of the things which should have been utterly destroyed, to **sacrifice** unto the LORD thy **God** in **Gilgal**. And Samuel said, Hath the LORD as great **delight** in burnt **offerings** and sacrifices, as in obeying the voice of the LORD? Behold, to obey is better than sacrifice, and to **hearken** than the fat of **rams**.

```
H O W L D B R O U G H T D O E
S T U N E X O E C I O V O H E
B A M A L E K I T E S B G L Y
S S G N I R E F F O E I B E O
F L N E K R A E H Y T E T U R
E I D Y E N R U O J R L H M T
P C G Y S M A R S E I I G A S
E O I H L S L R C S B V I S E
O N R F T R E I H I E E L B D
P S I E I N E E O T S T E H I
L U E G N R E T P P H H D S Y
E M S I H P C I T G S A R C A
L E S H E T I A I U G A G H T
O D F L O R D S S K E I N A G
S A U L X X G G I L G A L T G
```

HIDDEN TRIVIA QUESTION:

___ _____ ___ _____ _____ ___ _____ _____ __ ____ ____?

Psalm 1:1–6

Blessed is the man that <u>**walketh not**</u> in the counsel of the **ungodly**, nor **standeth** in the way of **sinners**, nor **sitteth** in the seat of the **scornful**. But his **delight** is in the **law** of the Lord; and in his law doth he **meditate** day and night. And he shall be like a **tree** planted by the **rivers** of **water**, that **bringeth** forth his **fruit** in his **season**; his **leaf** also shall not **wither**; and whatsoever he doeth shall **prosper**. The **ungodly** are not so: but are like the **chaff** which the wind **driveth** away. Therefore the ungodly shall not stand in the **judgment**, nor sinners in the congregation of the **righteous**. For the Lord knoweth the way of the righteous: but the way of the ungodly shall **perish**.

```
W H I T C H S P A W I T H E R
S S A D R I V E T H R J G D I
E T R E T E A C H T I U E E G
S O T T F S E H O A V D S S H
L T E A G T T N O U E G I S T
D T E P D T H A N I R M N E E
H L R E R T I G N C S E N L O
T S T H E O O U I D E N E B U
W P A K F D S T R L E T R H S
A S L F L O W P F F E T S H N
L A A Y T A H O E S E D H S O
W H W H T L U F N R O C S I S
C O T E H T E G N I R B R R A
U S R T H M E D I T A T E E E
I M U N G O D L Y X X N T P S
```

HIDDEN TRIVIA QUESTION:

_ _ _ _ _ _ _ _ _ _ _ _
_ _ _ _ _ _ _ _ _ _ _ _ _ _
_ _ _ _ _ _ _ _ _ _ _ _ _ _ _
_ _ _ _ _ _ _ _ _ _ _ _ _ _ _ _
_ _ _ ?

61

WOE TO THE PHARISEES

Matthew 23:23–28

Woe unto you, **scribes** and **Pharisees**, hypocrites! for ye pay **tithe** of **mint** and **anise** and **cummin**, and have omitted the **weightier** matters of the **law**, judgment, **mercy**, and **faith**: these ought ye to have done, and not to leave the other **undone**. Ye **blind** guides, which **strain** at a **gnat**, and swallow a **camel**. Woe unto you, scribes and Pharisees, hypocrites! for ye make **clean** the **outside** of the cup and of the **platter**, but within they are full of extortion and **excess**. Thou blind Pharisee, cleanse first that which is within the cup and platter, that the outside of them may be clean also. Woe unto you, scribes and Pharisees, hypocrites! for ye are like unto whited **sepulchres**, which indeed appear **beautiful** outward, but are within full of dead men's **bones**, and of all uncleanness. Even so ye also outwardly appear **righteous** unto men, but within ye are full of hypocrisy and **iniquity**.

```
W  U  N  D  O  N  E  H  A  T  T  S  E  W  W
O  S  T  A  N  G  N  A  K  E  U  E  D  L  E
I  S  U  O  E  T  H  G  I  R  O  P  I  K  I
P  H  A  R  I  S  E  E  S  E  Y  U  S  L  G
L  A  B  E  N  I  M  M  U  C  O  L  T  L  H
S  E  D  E  X  C  E  S  S  A  T  C  U  B  T
T  I  M  D  J  E  S  T  N  S  N  H  O  E  I
I  I  U  A  S  U  R  I  E  R  U  R  M  A  E
N  S  T  E  C  A  S  B  E  H  E  E  I  U  R
I  I  N  H  I  E  I  T  T  C  O  S  N  T  R
Q  I  Y  N  E  R  T  I  B  S  W  T  T  I  N
U  I  C  C  C  A  A  I  Z  L  E  W  I  F  A
I  N  R  S  L  F  G  T  H  E  I  N  A  U  E
T  P  E  P  H  A  R  I  S  E  E  N  O  L  L
Y  S  M  X  X  K  Y  M  X  F  M  D  D  B  C
```

HIDDEN TRIVIA QUESTION:

____ ___ _____ _____ ___ _____ ___ __ _____ ___ _____?

62
LEVIRATE MARRIAGE

Deuteronomy 25:5–9

If **brethren** dwell **together**, and one of them **die**, and have <u>**no child**</u>, the **wife** of the dead shall not **marry** without unto a **stranger**: her husband's **brother** shall go in unto her, and take her to him to wife, and **perform** the **duty** of an husband's brother unto her. And it shall be, that the **firstborn** which she **beareth** shall **succeed** in the **name** of his brother which is dead, that his name be not put out of Israel. And if the man like not to take his brother's wife, then let his brother's wife go up to the **gate** unto the **elders**, and say, My husband's brother **refuseth** to raise up unto his brother a name in Israel, he will not perform the duty of my husband's brother. Then the elders of his **city** shall call him, and speak unto him: and if he <u>**stand to it**</u>, and say, I like not to take her; then shall his brother's wife come unto him in the **presence** of the elders, and **loose** his **shoe** from off his **foot**, and **spit** in his **face**, and shall **answer** and say, So shall it be done unto that man that will not **build** up his brother's house.

```
T D I E H N E E T A G S T O N
M O R F W H O A S T F I F R A
R E M E O U S C R R O O E I D
O S S R H M B E H T E H O L A
F E L O A T F E D I T D I T A
R I T R O U O N A E L U L N S
E E R D S L A R G R B D S E U
P Y I E E T D O B N E W F E C
O R T W S R T E F E E T U C C
S H I I N G T O Y R O B H N E
E C A F E N Y T T H H I Y E E
S H O E A S U L A T S W T S D
X X K M M D C G K E P P I E Q
R R E G N A R T S R I R C R L
F I R S T B O R N B T L V P H
```

HIDDEN TRIVIA QUESTION:

___ ___ __ ____

_____ _____

____ ___ _____

__ ____ ____ ___?

ECCLESIASTES

Ecclesiastes 12:9-14

And moreover, because the **preacher** was **wise**, he still **taught** the **people** knowledge; yea, he gave good heed, and <u>**sought out**</u>, and set in order many **proverbs**. The preacher sought to find out acceptable words: and that which was **written** was **upright**, even <u>**words of truth**</u>. The words of the wise are as **goads**, and as **nails** fastened by the **masters** of assemblies, which are **given** from one **shepherd**. And **further**, by these, <u>**my son**</u>, be admonished: of **making** many books there is no end; and <u>**much study**</u> is a weariness of the **flesh**. Let us hear the **conclusion** of the whole matter: <u>**Fear God**,</u> and keep his commandments: for this is the whole **duty** of man. For God shall bring every work into **judgment**, with every **secret** thing, whether it be **good**, or whether it be **evil**.

```
T G N O I S U L C N O C W H O
E Y N D O F E A R G O D F P S
R D E I N E T T I R W U R S O
C U T E K C E V I L R O C H U
E T L H T A U G H T V T E T G
S S S I G A M S H E T N S U H
E H S P S I A E R R G E H R T
Y C T H E E R B P E O M E T O
G U M R E O S P S H O G P F U
I M A A S C P I U C D D H O T
V H E D S D W L H A R U E S W
E A A S T T U S E E H J R D E
N O S Y M S E T O R N O D R F
G X N A I L S R Y P X R N O V
N N T P F J K V S M N N H W R
```

HIDDEN TRIVIA QUESTION:

___ ____
_____
___ ___ _____
___ ___ ___ __?

64

DAVID AND GOLIATH

1 Samuel 17:46–51

This day will the L*ord* **deliver** thee into mine hand; and I will **smite** thee, and take **thine head** from thee; and I will give the **carcases** of the **host** of the **Philistines** this day unto the **fowls** of the air, and to the wild **beasts** of the **earth**; that all the earth may know that there is a **God** in **Israel**. And all this **assembly** shall know that the L*ord* saveth not with **sword** and **spear**: for the **battle** is the L*ord*'s, and he will give you into our hands. And it came to pass, when the Philistine arose, and came, and **drew nigh** to meet **David**, that David **hastened**, and ran toward the **army** to meet the Philistine. And David put his hand in his **bag**, and took thence a **stone**, and slang it, and **smote** the Philistine in his **forehead**, that the stone sunk into his forehead; and he fell upon his face to the earth. So David **prevailed** over the Philistine with a **sling** and with a stone, and smote the Philistine, and slew him; but there was no sword in the hand of David. Therefore David ran, and stood upon the Philistine, and took his sword, and drew it out of the **sheath** thereof, and slew him, and cut off his head therewith.

```
E T O M S W D E L I A V E R P
H T S O H I A T D D R A E P S
I S D K V I N A R M Y B G S A
U L M A O F F O E R T O A D A
S V D I I D L E A R T H T G O
H E E T T G L D E L I V E R D
Y S N H S E O P H S I C M I E
L L N I H H I D T S A B Y F N
B W S N T A E S T R I S A O E
M O L E T S A A C L S T D R T
E F I H L E I A T W R O S E S
S E N E B T S L O H A N I H A
S W G A I E T R I T E E H E H
A H G D S O D A L H L I T A A
H G I N W E R D B T P H X D X
```

HIDDEN TRIVIA QUESTION:

____ ___ ____
___ _____ __
_____ __ ____ ___
__ ___ _____
____ _____?

ESAU

Genesis 36:1–8

Now these are the **generations** of **Esau**, who is Edom. Esau took his **wives** of the **daughters** of **Canaan**; **Adah** the daughter of Elon the **Hittite**, and Aholibamah the daughter of Anah the daughter of **Zibeon** the **Hivite**; and Bashemath Ishmael's daughter, sister of **Nebajoth**. And Adah bare to Esau **Eliphaz**; and Bashemath bare **Reuel**; And Aholibamah bare **Jeush**, and **Jaalam**, and **Korah**: these are the sons of Esau, which were born unto him in the land of Canaan. And Esau took his wives, and his sons, and his **daughters**, and all the **persons** of his **house**, and his **cattle**, and all his **beasts**, and all his **substance**, which he had got in the land of Canaan; and went into the **country** from the face of his brother **Jacob**. For their **riches** were more than that they might dwell **together**; and the land wherein they were **strangers** could not bear them because of their cattle. Thus dwelt Esau in mount **Seir**: Esau is **Edom**.

```
S  W  H  A  S  N  O  S  R  E  P  T  V  J  A
T  O  G  E  T  H  E  R  C  L  Z  S  U  A  A
R  E  U  E  L  B  L  E  H  A  T  T  H  A  E
A  I  W  I  V  E  S  I  H  S  N  N  G  L  L
N  D  R  I  E  S  T  P  A  N  J  A  I  A  T
G  D  E  S  U  T  I  E  K  O  O  E  A  M  T
E  A  U  A  I  L  B  O  T  I  R  E  U  N  A
R  A  S  T  E  D  R  E  F  T  R  T  B  S  C
S  E  E  O  R  A  A  S  I  A  I  I  N  I  H
S  R  E  T  H  G  U  A  D  R  C  V  G  L  Z
E  E  C  O  U  N  T  R  Y  E  H  I  A  B  O
E  S  W  L  J  A  C  O  B  N  E  H  D  O  F
D  A  U  G  H  T  E  R  S  E  S  S  A  T  E
O  H  T  O  J  A  B  E  N  G  W  X  H  X  D
M  Y  J  L  H  G  E  C  N  A  T  S  B  U  S
```

HIDDEN TRIVIA QUESTION:

_ _ _ _ _ _ _ _ _ _ _
_ _ _ _ _ _ _ _ _ _ _ _
_ _ _ _ _ _ _ _ _ _ _ _ _ _ _
_ _ _ _ _ _ _ _ _ _ _ ?

66

SIMEON AND ANNA

Luke 2:33-38

And **Joseph** and his mother **marvelled** at those things which were **spoken** of him. And **Simeon blessed** them, and said unto **Mary** his mother, Behold, this **child** is set for the **fall** and **rising** again of many in **Israel**; and for a **sign** which shall be **spoken** against; (yea, a **sword** shall **pierce** through thy <u>own soul</u> also,) that the **thoughts** of many **hearts** may be **revealed**. And there was one **Anna**, a prophetess, the daughter of Phanuel, of the tribe of **Aser**: she was of a <u>great age</u>, and had lived with an **husband** seven years from her virginity; and she was a **widow** of about fourscore and four years, which **departed** not from the **temple**, but served God with fastings and **prayers** night and day. And she coming in that instant gave thanks likewise unto the Lord, and spake of him to all them that looked for **redemption** in Jerusalem.

```
W H H A L U O S N W O T D O E
S S P O K E N T H E A S E R B
S I E G B L D L I H C M E S P
R S S N S E C I F R A I C A L
E W O I L I L Y E R W O D I W
Y O J S S E M D Y A Y E T H A
A R T I A D E E H S L I M E R
R D G R S M E U O L O P B N E
P H S R P T S T E N I A L S V
S I D T E B H V R E B E E T E
E P I E A A R G R A L N S R A
W O O N L A T C U P P A S A L
N A D K M L E A M O N E E E E
S I G N E I A E G N H T D H D
I N G F O N T F A E R T X X K
```

HIDDEN TRIVIA QUESTION:

____ ____ ___
_____
_____ ___
____ _____ ___
____ _____ ___ ?

67
EHUD

Judges 3:14–21

So the **children** of **Israel** served **Eglon** the king of Moab eighteen years. But when the children of Israel cried unto the Lord, the Lord **raised** them up a deliverer, **Ehud** the son of **Gera**, a **Benjamite**, a man **lefthanded**: and by him the children of Israel sent a **present** unto Eglon the king of **Moab**. But Ehud made him a **dagger** which had **two edges**, of a **cubit** length; and he did gird it under his **raiment** upon his right **thigh**. And he brought the present unto Eglon king of Moab: and Eglon was a **very fat** man. And when he had made an end to **offer** the present, he sent away the people that bare the present. But he **himself** turned again from the **quarries** that were by **Gilgal**, and said, I have a **secret** errand unto thee, O king: who said, Keep **silence**. And all that **stood** by him went out from him. And Ehud came unto him; and he was **sitting** in a summer **parlour**, which he had for himself alone. And Ehud said, I have a **message** from **God** unto thee. And he arose out of his seat. And Ehud put forth his left hand, and took the dagger from his right thigh, and **thrust** it into his **belly**.

```
T  P  T  H  I  H  T  F  S  W  T  H  O  R
S  A  A  E  I  W  A  T  T  L  E  S  R  A  L
U  R  F  T  L  T  H  O  W  R  E  A  I  E  E
R  L  Y  I  G  V  O  D  C  O  I  S  A  E  T
H  O  R  M  A  D  R  E  Y  M  E  R  M  N  F
T  U  E  A  L  N  S  D  E  D  S  D  E  I  I
M  R  V  J  R  E  S  N  T  I  D  S  G  E  H
L  O  I  N  L  R  T  A  V  E  E  S  R  E  E
E  R  A  E  O  D  R  H  R  R  M  I  E  G  S
G  E  N  B  R  L  T  T  P  E  G  L  O  N  I
A  F  C  O  D  I  N  F  E  D  G  E  I  I  N
S  F  U  D  U  H  E  E  J  U  D  N  G  T  E
S  O  B  G  S  C  Y  L  L  E  B  C  X  T  X
E  Y  I  T  O  D  A  G  G  E  R  E  D  I  N
M  K  T  Y  R  D  Q  U  A  R  R  I  E  S  M
```

HIDDEN TRIVIA QUESTION:

___ ___ ___ ___
____ _____
_____ __
_____?

68

SIMON THE SORCERER

Acts 8:9-13; 18-19

But there was a **certain man**, called **Simon**, which **beforetime** in the same **city** used **sorcery**, and **bewitched** the people of **Samaria**, giving out that himself was some <u>**great one**</u>: to whom they all gave heed, from the least to the greatest, saying, This man is the great **power** of God. And to him they had **regard**, because that of long **time** he had bewitched them with sorceries. But when they believed **Philip** preaching the things concerning the **kingdom** of God, and the name of <u>**Jesus Christ**</u>, they were **baptized**, both **men** and **women**. Then Simon himself believed also: and when he was baptized, he **continued** with Philip, and **wondered**, beholding the **miracles** and **signs** which were done. . . . And when Simon saw that through **laying** of the apostles' hands the Holy **Ghost** was given, he **offered** them **money**, saying, Give me also this power, that on whomsoever I lay hands, he may receive the Holy Ghost.

```
E Y W W A H M O D G N I K T O
N R E O E I L A Y I N G N S P
O R I N N M R A T N D N I I E
T D D S O D I A I M E O A R N
A F E W O M E N M M O C T H M
E R T Z H B D R E A O C R C I
R I N K I E E I E N S I E S R
G N N G R T S F T D T T C U A
H A E E R O P I O R G Y I S C
M F F E R H N A T R E O F E L
G F W C I U O D B C E G O J E
O O E L E T S O H G U T A L S
P R I D D S I M O N B E I R P
Y P G O D S N G I S U R C M D
H D E H C T I W E B A S E D E
```

HIDDEN TRIVIA QUESTION:

___ _____
____ ___ _____
___ ____ __ ___
_____ __ _____?

69

THE QUEEN OF SHEBA

1 Kings 10:1–7

And when the **queen of Sheba** heard of the **fame** of **Solomon** concerning the **name** of the Lord, she came to **prove him** with hard **questions**. And she came to **Jerusalem** with a very great **train**, with **camels** that bare **spices**, and very **much gold**, and **precious** stones: and when she was come to Solomon, she **communed** with him of all that was in her **heart**. And Solomon told her all her questions: there was not any thing hid from the king, which he told her not. And when the queen of Sheba had seen all Solomon's wisdom, and the **house** that he had built, and the **meat** of his **table**, and the sitting of his **servants**, and the attendance of his **ministers**, and their **apparel**, and his **cupbearers**, and his ascent by which he went up unto the house of the Lord; there was no more **spirit** in her. And she said to the king, It was a true **report** that I heard in mine own land of thy acts and of thy **wisdom**. Howbeit I believed not the words, until I came, and mine **eyes** had seen it.

```
W  H  M  S  O  L  O  M  O  N  H  A  T  D  I
D  T  U  P  W  H  E  L  Q  U  E  E  Y  E  S
E  Q  C  I  D  I  N  O  O  F  N  S  A  H  E
B  U  H  R  E  N  S  R  A  S  S  A  A  R  Y
A  E  G  I  N  B  I  D  O  H  L  B  M  U  T
T  S  O  T  U  E  T  A  O  H  E  E  S  E  L
E  T  L  R  M  E  T  U  R  M  M  H  R  M  E
S  I  D  A  M  R  S  P  P  T  A  S  E  I  R
E  O  F  O  O  E  S  R  T  R  C  F  R  N  A
R  N  T  P  C  E  O  T  A  E  M  O  A  I  P
V  S  E  S  C  V  S  H  B  E  H  N  E  S  P
A  R  A  I  E  D  H  E  L  A  R  E  B  T  A
N  D  P  H  O  F  S  O  E  L  O  E  P  E  M
T  S  I  P  R  E  C  I  O  U  S  U  U  R  O
S  M  M  E  L  A  S  U  R  E  J  Q  C  S  N
```

HIDDEN TRIVIA QUESTION:

____ ___ ___ _____ __ _____ ___ _____ ___ _____ ___ ___ _____ __ _____?

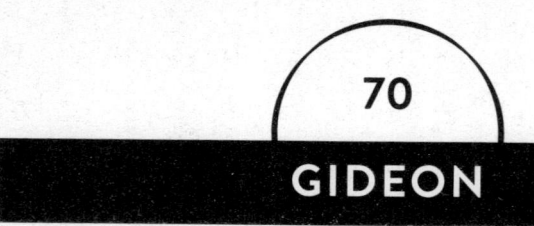

GIDEON

Judges 6:34-40

But the **Spirit** of the L ORD came upon **Gideon**, and he blew a **trumpet**; and **Abiezer** was **gathered** after him. And he sent **messengers** throughout all **Manasseh**; who also was gathered after him: and he sent messengers unto **Asher**, and unto **Zebulun**, and unto **Naphtali**; and they came up to <u>**meet them**</u>. And Gideon said unto God, If thou wilt save **Israel** by mine hand, as thou hast said, behold, I will put a **fleece** of **wool** in the **floor**; and if the **dew** be on the fleece only, and it be **dry** upon all the **earth** beside, then shall I know that thou wilt save Israel by <u>**mine hand**</u>, as thou hast said. And <u>**it was so**</u>: for he rose up early on the **morrow**, and **thrust** the fleece together, and **wringed** the dew out of the fleece, a **bowl** full of **water**. And Gideon said unto God, Let not thine **anger** be hot against me, and I will speak but this once: let me **prove**, I pray thee, but this once with the fleece; let it now be dry only upon the fleece, and upon all the ground let there be dew. And God did so that **night**: for it was dry upon the fleece only, and there was dew on all the ground.

```
H T O W D N A H E N I M H M A
W E T N U T E R G M N B E E R
M E S O F V R A E U S H F T O
O O D S O I T U L G T L L I S
D I R R A H S U M T N W E R S
A E P R E N B R E P O A E I A
B R D R O E A E A O E S C P W
I D E I Z W M M L E D T E S T
E D G G I D E O N G L O D R I
Z T N S R E G N E S S E M E D
E H I U C D B E R T H E A R Y
R R R M R O Y O E T H G I N R
F U W O W N A P H T A L I G D
I S L L D E O N S R O O L F X
X T E A R T H J A R E T A W T
```

HIDDEN TRIVIA QUESTION:

__ ____ _____ __
_____ ___ ___
_____ ___ ____ __
_____?

71
WISE MEN AND HEROD

Matthew 2:7–12

Then **Herod**, when he had privily **called** the wise men, **enquired** of them **diligently** what time the star **appeared**. And he sent them to **Bethlehem**, and said, Go and **search** diligently for the <u>young child</u>; and when ye have **found** him, bring me **word** again, that I may come and worship him also. When they had heard the king, they **departed**; and, lo, the star, which they saw in the east, went **before** them, till it came and **stood** over where the young child was. When they saw the **star**, they **rejoiced** with exceeding <u>great joy</u>. And when they were come into the **house**, they saw the young child with **Mary** his **mother**, and fell down, and worshipped him: and when they had **opened** their **treasures**, they presented unto him **gifts**; **gold**, and frankincense and **myrrh**. And being **warned** of God in a **dream** that they should not return to Herod, they departed into their own **country** another way.

```
D E N R A W D E P A R T E D H
B O D E C I O J E R W O L D W
E E D L I H C G N U O Y R E T
H E F G E N Q U I R E D G C H
I R D O I D R E A M L D R D R
D E E N R F N O P F B O E D E
T I H H U E T D P L M R A E S
E H L E T O L S E M E E T N E
T S H I A O F T A Y H H J E R
M T H E G S M R R D E O O P U
Y O D E E E D T E Y L O Y O S
R O R A S R N L D R H D E T A
R D R R O U L T E A T D A T E
H C O W O A O B L M E R E K R
H I L C C L E H D Y B X X G T
```

HIDDEN TRIVIA QUESTION:

___ ___ ____ ___
_____ __
_____ ____
_____ _____
__ __ _____ ?

72
SHEPHERDS AND ANGELS

Luke 2:8–14

And there were in the same country **shepherds** abiding in the **field**, keeping **watch** over their **flock** by **night**. And, lo, the **angel** of the **Lord** came upon them, and the **glory** of the Lord **shone** round about them: and they were sore **afraid**. And the angel said unto them, <u>**Fear not**</u>: for, **behold**, I bring you good **tidings** of <u>**great joy**</u>, which shall be to all **people**. For unto you is **born** this day in the **city** of **David** a **Saviour**, which is **Christ** the Lord. And this shall be a **sign** unto you; ye shall find the babe wrapped in **swaddling** clothes, lying in a **manger**. And suddenly there was with the angel a **multitude** of the **heavenly** host praising God, and saying, Glory to God in the **highest**, and on earth **peace**, good will toward men.

```
W  S  A  V  I  O  U  R  F  E  A  R  N  O  T
H  A  T  W  A  F  E  D  U  T  I  T  L  U  M
S  T  Y  H  N  E  L  Y  O  J  T  A  E  R  G
C  I  T  R  B  R  S  O  Y  O  F  D  Y  T  A
E  V  I  D  O  E  O  I  C  T  H  S  L  I  S
N  D  R  O  L  L  H  B  G  K  A  D  N  D  W
O  N  T  Y  T  H  G  O  E  N  D  R  E  I  A
H  I  A  T  N  G  E  P  L  L  E  V  N  D
S  G  M  I  E  D  E  N  E  D  T  H  A  G  D
T  H  I  C  I  O  O  I  I  M  S  P  E  S  L
N  T  E  V  P  A  F  A  A  D  E  E  H  T  I
O  T  A  L  N  H  R  N  E  S  H  H  H  E  N
P  D  E  G  H  F  G  E  R  D  G  S  S  X  G
X  R  E  C  A  E  P  P  T  S  I  R  H  C  K
X  L  Q  K  R  W  A  T  C  H  H  F  L  M  C
```

HIDDEN TRIVIA QUESTION:

____ ___ ___ ____
__ ____ ____ ___
____ _____
__ ___ _____?

ANOTHER HEROD

Acts 12:20–23

And **Herod** was **highly displeased** with them of **Tyre** and **Sidon**: but they came with one **accord** to him, and, **having** made **Blastus** the king's **chamberlain** their **friend**, **desired peace**; because their **country** was **nourished** by the king's country. And upon a set day Herod, **arrayed** in **royal apparel**, sat upon his **throne**, and made an **oration** unto them. And the **people** gave a **shout**, saying, It is the **voice** of a god, and not of a man. And **immediately** the angel of the **Lord smote** him, because he gave not God the **glory**: and he was **eaten** of **worms**, and gave up the **ghost**.

```
S L W H I D I S P L E A S E D
S U A C H D E S I R E D N O A
W H T Y E A T E N Y F O T C Y
H O O S O D R O L E U A C R E
P O R U A R P H S R T O O N Y
L L N M T L G E I E R L O I L
S E O W S I B S A D G R G A E
C R I A H S H S E C H K H L T
O A T I L E D I L T E E O R A
U P A V D N D D B Y O A S E I
N P R O E O D O R D N M T B D
T A O I E R O N O G F T S M E
R Y R C H I R D E Y A R R A M
Y F R E S H E L G N I V A H M
E R O E D X H P E O P L E C I
```

HIDDEN TRIVIA QUESTION:

_ _ _ _ _ _ _ _ _ _
_ _ _ _ _ _ _ _ _ _
_ _ _ _ _ _ _ _ _ _ _ _ _ _ _
_ _ _ _ _ _ _ _ _ ?

151

74
THE WORD

John 1:1–5; 9–13

In the **beginning** was the **Word**, and the Word was with **God**, and the Word was God. The **same** was in the beginning with God. All **things** were **made** by him; and **without** him was not **anything** made that was made. In him was **life**; and the life was the **light** of men. And the light shineth in **darkness**; and the darkness **comprehended** it not. . . . That was the true Light, which **lighteth** every man that **cometh** into the **world**. He was in the world, and the world was made by him, and the world <u>knew him not</u>. He came unto his **own**, and his own **received** him not. But as **many** as received him, to them gave he **power** to **become** the <u>sons of God</u>, even to them that **believe** on his **name**: Which were **born**, not of **blood**, nor of the **will** of the **flesh**, nor of the will of man, but of God.

```
H W G O D B N W O H A D Y W T
S D N G S E P E C I R N O A T
E E A L N L D F O O A R E R O
L D M E R I I E W M L U F N N
F N E T B E H G V D N E I R M
W E G H L V A T H I S S L E I
C H N I O E N S Y T E T B Y H
O E I N O G B T A N E C O D W
M R N G D T H E O M A T E W E
E P N S I G T N C E E S H R N
T M I S I T O T U O H T I W K
H O G L P O W E R T M H I M B
S C E L I L L I W G H E A O T
O F B S O N S O F G O D R M E
N D A R K N E S S X E N X N B
```

HIDDEN TRIVIA QUESTION:

___ _____
_____ ___
____ __ ___ __
_____ __ ____
_____ __ ____?

153

75

PHILIP AND THE EUNUCH

Acts 8:26-35

And the **angel** of the **Lord** spake unto **Philip**, saying, **Arise**, and go toward the **south** unto the way that goeth down from **Jerusalem** unto **Gaza**, which is desert. And he arose and went: and, behold, a man of **Ethiopia**, an **eunuch** of great **authority** under Candace queen of the Ethiopians, who had the charge of all her treasure, and had come to Jerusalem for to **worship**, was returning, and sitting in his chariot read **Esaias** the **prophet**. Then the **Spirit** said unto Philip, Go near, and join thyself to this **chariot**. And Philip ran thither to him, and heard him read the prophet Esaias, and said, Understandest thou what thou readest? And he said, How can I, except some man should **guide** me? And he desired Philip that he would come up and sit with him. The place of the **scripture** which he read was this, He was led as a **sheep** to the **slaughter**; and like a lamb dumb before his **shearer**, so opened he not his mouth: In his humiliation his **judgment** was taken away: and who shall **declare** his generation? for his life is taken from the **earth**. And the eunuch answered Philip, and said, I pray thee, of whom speaketh the prophet this? of **himself**, or of some other man? Then Philip opened his **mouth**, and began at the same scripture, and **preached** unto him **Jesus**.

```
W E R A L C E D G H A T C H A
P A R E T H G U A L S T E R O
C R F S I S I D E H C A E R P
H T A O I D A A W O R S H I P
A H H U E W A S I T H E E L T
R P H T P H I L I P S U S E J
I R H H A Z A G P J O Y I G R
O O C E O J H P E E T I D N E
T P U I S I U R A I E R H A R
A H N N M A U D R R O H E T A
U E U S H S I O G L I N S U E
C T E T A H H A R M E S A D H
I L U L N T G F S R E O E M S
F O E R U T P I R C S N X X T
M M X A P N S P I R I T T T D
```

HIDDEN TRIVIA QUESTION:

____ _____ __
_____ ___ ___
_____ _____
_____ ____?

76

THE FIERY FURNACE

Daniel 3:14-20

Nebuchadnezzar spake and said unto them, Is it true, O **Shadrach**, **Meshach**, and **Abednego**, do not ye **serve** my gods, nor worship the golden **image** which I have set up? Now if ye be ready that at what time ye hear the **sound** of the **cornet**, **flute**, **harp**, **sackbut**, **psaltery**, and **dulcimer**, and all kinds of **music**, ye **fall down** and worship the image which I have made; well: but if ye worship not, ye shall be cast the same hour into the midst of a burning fiery **furnace**; and who is that **God** that shall deliver you out of my hands? Shadrach, Meshach, and Abednego, **answered** and said to the king, O Nebuchadnezzar, we are not **careful** to answer thee in this **matter**. If it be so, our God whom we **serve** is able to deliver us from the burning fiery furnace, and he will deliver us out of thine hand, O king. But if not, be it known unto thee, O king, that we will not serve thy gods, nor worship the golden image which thou hast set up. Then was Nebuchadnezzar **full of fury**, and the form of his visage was changed against Shadrach, Meshach, and Abednego: therefore he spake, and commanded that they should heat the furnace one **seven times** more than it was wont to be **heated**. And he **commanded** the most mighty men that were in his army to bind Shadrach, Meshach, and Abednego, and to cast them into the burning fiery furnace.

```
M W D E H O D P S A L T E R Y
A I D E T T F U R N A C E H E
T K I F R U M A B E D N E G O
T N G A P E L U S E E I N T S
E H L L R E W F S F U E R N E
R Y U L A A C S E I V H H W M
D R F D H I I S N R C T C H I
E U E O T M H E E A T T A H T
D F R W H A R S H R U E R E N
N F A N E G Y S O B V U D A E
A O C N G E E G K S M E A T V
M L E N O M O C O F J U H E E
M L D A H D A U X X W L S D S
O U Y Z M S N T E N R O C N M
C F M D M D V R E M I C L U D
```

HIDDEN TRIVIA QUESTION:

___ ___ ___ ____

___ __ ___ _____

____ ___ _____

_____ ___ __ _____?

77
LYING TO THE HOLY SPIRIT

Acts 5:1–4

But a **certain** man **named Ananias**, with **Sapphira <u>his wife</u>**, sold a **possession**, and <u>**kept back**</u> part of the **price**, his wife also being **privy** to it, and **brought** a certain part, and laid it at the apostles' **feet**. But **Peter** said, Ananias, why hath **Satan filled** thine **heart** to **lie** to the <u>**Holy Ghost**</u>, and to keep back part of the price of the **land**? Whiles it **remained**, was it not **thine** own? and after it was sold, was it not in thine own **power**? why hast thou **conceived** this thing in thine heart? thou hast not lied unto men, but unto **God**.

```
W H K C A B T P E K A T D H A
P C O N C E I V E D P N P P E
N E F B R O U G H T A O D E T
O B O E T S H T A L S N Y T D
A N H I E G A D R S A V S E A
N D I T O T E P E A I S N R S
A P S D H M P S P R P I P A H
I O W R A I S A P H A A T F T
E W I N T I N R T M I A H E N
Y E F C O R O E E E N R N S I
P R E N I R A R E C D T A O A
A N A N I A S E L I I E E T T
O T H E H O L Y H R S I P I R
H O L Y G H O S T P R L I T E
X D E L L I F X M L D L N V C
```

HIDDEN TRIVIA QUESTION:

____ _____ __
____ _____ ___
_____ _____
____ _____ __
___ __ ___ ____
_____?

78
GIBEONITES

Joshua 9:3–11

And when the inhabitants of **Gibeon** heard what **Joshua** had done unto **Jericho** and to Ai, they did work **wilily**, and went and made as if they had been **ambassadors**, and took <u>**old sacks**</u> upon their asses, and <u>**wine bottles**</u>, old, and rent, and **bound** up; and old **shoes** and clouted upon their feet, and old **garments** upon them; and all the **bread** of their provision was dry and **moldy**. And they went to Joshua unto the camp at **Gilgal**, and said unto him, and to the men of Israel, We be come from a far **country**: now therefore make ye a **league** with us. And the men of Israel said unto the **Hivites**, Peradventure ye dwell among us; and how shall we make a league with you? And they said unto Joshua, We are thy **servants**. And Joshua said unto them, Who are ye? and from whence come ye? And they said unto him, From a very far country thy servants are come because of the name of the L<small>ORD</small> thy God: for we have heard the **fame** of him, and all that he did in **Egypt**, and all that he did to the two kings of the **Amorites**, that were beyond Jordan, to **Sihon** king of **Heshbon**, and to Og king of **Bashan**, which was at Ashtaroth. Wherefore our elders and all the inhabitants of our country spake to us, saying, Take **victuals** with you for the journey, and go to meet them, and say unto them, We are your servants: therefore now make ye a league with us.

```
W S E L T T O B E N I W H E A
N F A M E T A H B O E L I S M
E O V F T U E O H H E A G T O
I B E I H W U G O I N M I N R
S T M S C N I E Y S S B G A I
T E O O D T D L D P C A I V T
N J T W L R U A I O T S L R E
E B N I O D E A U L A S G E S
M A O L V R Y N L S Y A A S S
R S E D B I T I O S E D L S C
A H B O V R H E R B E O D W H
G A I A Y T D I D I H R H S R
A N G J E R I C H O E S L S F
O R O L D S A C K S C E E T H
E M T O D E U G A E L O X H X
```

HIDDEN TRIVIA QUESTION:

____ ___ ___ __ ___
_____ ___
_____, ____
___ _____ _____
____ __ __?

ATHALIAH

2 Kings 11:13-16

And when Athaliah heard the **noise** of the **guard** and of the **people**, she came to the people into the **temple** of the LORD. And when she **looked**, behold, the **king** stood by a **pillar**, as the **manner** was, and the **princes** and the **trumpeters** by the king, and all the people of the land **rejoiced**, and blew with trumpets: and Athaliah rent her **clothes**, and cried, **Treason**, Treason. But Jehoiada the priest **commanded** the **captains** of the **hundreds**, the **officers** of the host, and said unto them, Have her forth without the **ranges**: and him that followeth her **kill** with the **sword**. For the priest had said, Let her not be slain in the house of the LORD. And they laid hands on her; and she went by the way by the which the **horses** came into the king's **house**: and there was she **slain**.

```
W  H  A  T  T  R  U  M  P  E  T  E  R  S  S
E  V  S  D  E  R  D  N  U  H  E  N  C  Y  E
T  D  E  D  N  A  M  M  O  C  A  R  L  O  L
D  E  B  O  Y  R  G  N  I  K  E  L  O  P  L
A  C  M  E  H  O  R  S  E  S  O  D  T  T  R
H  E  E  P  E  V  L  I  S  O  T  L  H  S  E
C  S  R  A  L  L  T  E  K  R  H  A  E  R  N
A  I  L  E  I  C  E  E  L  I  A  S  E  N
P  O  O  K  J  N  D  A  R  D  H  A  S  C  A
T  N  R  R  I  O  S  S  R  A  U  L  E  I  M
A  R  D  R  E  O  I  A  E  S  L  O  F  F  J
I  U  P  S  N  D  U  C  A  G  L  L  H  F  X
N  X  U  B  T  G  V  M  E  T  N  A  I  O  N
S  O  B  T  V  S  W  O  R  D  L  A  I  P  X
H  X  P  E  O  P  L  E  L  P  R  F  R  N  Z
```

HIDDEN TRIVIA QUESTION:

____ _____-_____-
___ ___ _____
___ ____ _____
__ _____ __ _____?

163

80

GOOD KING HEZEKIAH

2 Kings 18:3-8

And he did that which was **right** in the sight of the Lord, according to all that **David** his father did. He **removed** the high **places**, and **brake** the **images**, and cut down the **groves**, and brake in **pieces** the brasen **serpent** that **Moses** had made: for unto those days the children of **Israel** did burn **incense** to it: and he called it **Nehushtan**. He **trusted** in the Lord God of **Israel**; so that after him was none like him among all the kings of **Judah**, nor any that were before him. For he **clave** to the Lord, and departed not from following him, but kept his **commandments**, which the Lord commanded Moses. And the Lord was with him; and he **prospered** whithersoever he went forth: and he **rebelled** against the king of **Assyria**, and served him not. He smote the Philistines, even unto **Gaza**, and the borders thereof, from the **tower** of the **watchmen** to the fenced city.

```
W G H A T I P R O S P E R E D
T A A O S T S R E O C T I O U
S L W Z Y E W R I M N C K E D
D E I P A A V K A E O B I E N
R T N L E I N O P E R V L G E
W H C A V R A R R A L L E T M
N G E C A Y E S K G E T R D H
E I N E L S H E S B E U D F C
H R S S C S A T E H S R E R T
U O E F T A H R C T O E G O A
S M O S E S D L E L H Y H E W
H Z E K I A H D I X D A V I D
T L E A R S I X P L B N D K K
A S T N E M D N A M M O C U Y
N K F L N L G S E G A M I V J
```

HIDDEN TRIVIA QUESTION:

_ _ _ _ _ _ _ _ _ _ _ _ _ _
_ _ _ _ _ _ _ _ _ _ _ _ _
_ _ _ _ _ _ _ _ _ _ _ _ _ _
_ _ _ _ _ _ _ _ _ _ _ _ _?

81

DAVID'S WIVES AND SONS

1 Chronicles 3:1–5

Now these were the sons of **David**, which were **born** unto him in **Hebron**; the **firstborn Amnon**, of **Ahinoam** the Jezreelitess; the **second Daniel**, of **Abigail** the Carmelitess: the **third, Absalom** the son of **Maachah** the daughter of Talmai king of Geshur: the **fourth, Adonijah** the son of **Haggith**: the **fifth, Shephatiah** of Abital: the **sixth, Ithream** by **Eglah** his wife. These six were born unto him in **Hebron**; and there he reigned seven years and six months: and in Jerusalem he reigned thirty and three years. And these were born unto him in Jerusalem; **Shimea**, and **Shobab**, and **Nathan**, and **Solomon**, four, of **Bathshua** the daughter of Ammiel.

F	S	H	I	M	E	A	H	O	L	F	W	H	M	A
A	I	M	N	A	H	T	A	N	I	E	A	N	H	Y
A	D	R	A	B	D	I	T	F	D	L	I	I	I	O
N	A	L	S	A	S	O	T	R	G	N	N	N	S	O
F	D	A	F	T	C	H	I	E	V	O	I	H	A	D
A	R	E	O	H	B	H	N	A	A	M	E	A	D	D
L	H	I	U	S	T	O	A	M	N	D	T	I	H	I
I	A	S	R	H	H	X	R	H	C	I	H	T	N	M
A	J	H	T	U	A	O	I	N	P	V	E	A	O	A
G	I	A	H	A	T	E	B	S	R	A	B	H	M	E
I	N	M	H	T	I	G	G	A	H	D	R	P	O	R
B	O	N	O	F	N	F	I	R	B	S	O	E	L	H
A	D	O	T	R	H	E	B	R	O	N	N	H	O	T
C	A	N	O	H	R	O	D	N	O	C	E	S	S	I
N	I	B	C	A	B	S	A	L	O	M	L	E	S	X

HIDDEN TRIVIA QUESTION:

___ ____
_____ ____
__ _____ ___
_____ __ ____
_____ __ _____
_____?

82

FEAST OF TABERNACLES

Leviticus 23:33–39

And the L%%ORD%% spake unto **Moses**, saying, **Speak** unto the children of **Israel**, saying, The **fifteenth** day of this seventh **month** shall be the **feast** of **tabernacles** for <u>seven days</u> unto the L%%ORD%%. On the first day shall be an holy **convocation**: ye shall do no **servile** work therein. Seven days ye shall offer an **offering** made by **fire** unto the L%%ORD%%: on the **eighth** day shall be an holy convocation unto you; and ye shall offer an offering made by fire unto the L%%ORD%%: it is a solemn **assembly**; and ye shall do no servile work therein. These are the feasts of the L%%ORD%%, which ye shall **proclaim** to be holy convocations, to offer an offering made by fire unto the L%%ORD%%, a **burnt** offering, and a **meat** offering, a **sacrifice**, and **drink** offerings, every thing upon his day: Beside the **sabbaths** of the L%%ORD%%, and beside your **gifts**, and beside all your **vows**, and beside all your **freewill** offerings, which ye give unto the L%%ORD%%. Also in the fifteenth day of the seventh month, when ye have **gathered** in the **fruit** of the land, ye shall keep a feast unto the L%%ORD%% seven days: on the first day shall be a sabbath, and on the eighth day shall be a sabbath.

```
W Y L B M E S S A H A T C S O
T I H E I R W T I U R F O E O
S R S G P R O C L A I M N L E
D Y H R T S A E F C A N V C C
R T A S A B B A T H S E O A I
H P L D D E R E H T A G C N F
A F C R N E L S P E A K A R I
F I T O A E T B L E R N T E R
R F T L A F V I C V L E I B C
E T A S I K V E S T O I O A A
E E G F R N E S M N W N T S
W E M N E I S I O T H R S E N
I N A S M O R N R E O F U T H
L T I S M F T E E D S T I B V
L H A L X H X O F F E R I N G
```

HIDDEN TRIVIA QUESTION:

____ _____ ____
___ _____
"_____" __
___ ____ __ ____
_____?

83

THE DAY OF THE LORD

Zechariah 14:4–7

And his **feet** shall **stand** in that day upon the **mount** of **Olives**, which is before **Jerusalem** on the **east**, and the mount of Olives shall **cleave** in the **midst** thereof **toward** the east and toward the **west**, and there shall be a very **great** valley; and half of the mountain shall **remove** toward the **north**, and half of it toward the **south**. And ye shall flee to the **valley** of the mountains; for the valley of the mountains shall reach unto **Azal**: yea, ye shall flee, like as ye fled from before the **earthquake** in the days of **Uzziah** king of **Judah**: and the L<small>ORD</small> **my God** shall come, and all the **saints** with thee. And it shall come to pass in that day, that the **light** shall not be **clear**, nor **dark**: But it shall be one day which shall be **known** to the L<small>ORD</small>, not day, nor night: but it shall come to pass, that at **evening** time it shall be light.

```
J  W  H  Y  E  L  L  A  V  A  T  T  W  O  N
E  E  W  T  E  S  R  J  U  D  A  H  T  N  A
R  M  O  U  N  T  M  E  V  A  E  L  C  W  S
U  E  S  N  K  R  A  D  M  T  B  O  O  O  K
S  L  O  A  S  D  E  S  L  O  C  R  U  N  E
A  I  A  L  I  B  E  T  I  H  V  T  E  K  K
L  D  A  Z  I  N  Y  O  G  F  H  E  T  D  A
E  H  D  E  A  V  T  L  H  O  T  H  C  O  U
M  G  R  E  A  T  E  S  T  S  A  L  E  G  Q
R  D  A  T  N  A  S  S  E  I  E  C  V  Y  H
O  M  W  E  O  T  I  W  Z  A  D  N  E  M  T
G  L  O  E  R  I  S  Z  R  N  K  A  N  D  R
E  A  T  F  T  T  U  D  A  H  S  I  I  R  A
E  F  I  N  H  T  H  T  I  T  E  N  N  O  E
I  G  H  T  X  X  S  W  L  M  W  P  G  L  L
```

HIDDEN TRIVIA QUESTION:

_ _ _ _ _ _ _ _ _ _

_ _ _ _ _ _ _ _ _ _ _ _ _

_ _ _ _ _ _ _ _ _ _ _ _ _ _

_ _ _ _ _ _ _ _ _ _ _

_ _ _ _ _ _ _ _ _ _ _

_ _ _ _ _ _ _ _ _ _ _ _ _ _ _ ?

171

84

INSTRUCTIONS FOR LIVING

Psalm 37:3-8

Trust in the Lord, and **do good**; so **shalt** thou **dwell** in the **land**, and **verily** thou shalt be fed. **Delight** thyself also in the Lord: and he shall give thee the **desires** of thine **heart**. **Commit** thy **way** unto the Lord; trust also in him; and he shall **bring** it to pass. And he shall bring **forth** thy **righteousness** as the **light**, and thy **judgment** as the **noonday**. **Rest** in the Lord, and **wait patiently** for him: **fret** not thyself because of him who **prospereth** in his way, because of the man who bringeth **wicked devices** to pass. **Cease** from **anger**, and **forsake wrath**: fret not thyself in any wise to do evil.

```
A C C O M M I T O W Y R D I
E S A E C D D W R H A A T N B
W G T F T R E E A D G R Y F R
O R R H O T G K N I A I O H I
I E A L G N S O C E T R L P N
T S S T A I O S H I T T A L G
P S E N H N L L H H W S M W H
A E R E A T A E H A A U P P E
T C I M N N D S D T L R O E V
I I S G D I W R E S T T L D O
E V E D H T E R E P S O R P E
N E D U R S L X X D O G O O D
T D R J T R L F N C G P L M Q
L P S S E N S U O E T H G I R
Y F O R S A K E Y L I R E V N
```

HIDDEN TRIVIA QUESTION:

_ _ _ _ _ _ _ _ _ _ _ _ _ _ _ _
_ _ _ _ _, _ _ _ _
_ _ _ _ _ _ _ _
_ _ _ _ _ _ _ _?

85
ADONIJAH

1 Kings 1:5-11

Then **Adonijah** the son of Haggith **exalted** himself, saying, <u>I will be king</u>: and he prepared him **chariots** and horsemen, and **fifty** men to run before him. And his **father** had not **displeased** him at any time in **saying**, Why hast thou done so? and he also was a very **goodly** man; and his **mother** bare him after **Absalom**. And he conferred with **Joab** the son of Zeruiah, and with Abiathar the **priest**: and they **following** Adonijah **helped** him. But **Zadok** the priest, and **Benaiah** the son of Jehoiada, and **Nathan** the prophet, and Shimei, and Rei, and the **mighty** men which belonged to David, were not with Adonijah. And Adonijah slew **sheep** and **oxen** and fat **cattle** by the stone of Zoheleth, which is by Enrogel, and called all his **brethren** the king's sons, and all the men of Judah the king's **servants**: but Nathan the prophet, and Benaiah, and the mighty men, and Solomon his brother, he called not. Wherefore Nathan spake unto **Bathsheba** the mother of Solomon, saying, Hast thou not heard that Adonijah the son of Haggith doth reign, and **David** our lord knoweth it not?

```
A B S A L O M W H A R T U L T
G I M I W I L L B E K I N G O
H N A A B E H S H T A B H T X
A D I V A D E T L Y B E E D E
I C C Y A K O D A Z L M E E N
A O H F A M Y T H P J T E S E
N L A A F S L A E P L O F P O
E B J S R I D D N A N A A Y P
B R I T T I O S X A T E T B R
E E N N F D O E H H H H K I I
L T O A I N G T E E G T G A E
T H D V F D O R S I E N A I S
T R A R T J A H M X X P N N T
A E Y E Y T F O L L O W I N G
C N D S D E S A E L P S I D T
```

HIDDEN TRIVIA QUESTION:

____ _____
_____ __ ___ _____
_____ ____
_____?

86
PETER IN PRISON

Acts 12:5-10

Peter therefore was kept in **prison**: but **prayer** was made without **ceasing** of the **church** unto God for him. And when **Herod** would have **brought** him forth, the same night Peter was **sleeping** between two **soldiers**, bound with <u>**two chains**</u>: and the **keepers** before the **door** kept the prison. And, **behold**, the **angel** of the Lord came upon him, and a **light** shined in the **prison**: and he **smote** Peter on the side, and **raised** him up, saying, Arise up quickly. And his chains fell off from his **hands**. And the **angel** said unto him, Gird thyself, and bind on thy **sandals**. And so he did. And he saith unto him, Cast thy **garment** about thee, and **follow** me. And he went out, and followed him; and wist not that it was **true** which was done by the angel; but **thought** he saw a **vision**. When they were past the first and the second **ward**, they came unto the iron **gate** that leadeth unto the city; which **opened** to them of his own **accord**: and they went out, and passed on through one **street**; and forthwith the angel departed from him.

```
D R A W A N O S I R P W H E R
E D I S O N D F O L L O W D P
E T D S N E G T H G U O R B E
R G I R S I G E O A P F S V L
T R N I O S A H L E E R I I S
P R A I T C E H N B E S G E R
T R I R P R C E C P I H E C E
C H E S O E D A E O T N T H I
G E O D L G E E N R W E O U D
T A A U B A K L F E R T M R L
R E R S G E D E S T A A S C O
U D F M I H H N R E N G O H S
E M T H E N T O A P G D O O R
H A N D S N G E L S E P R I S
P R A Y E R T O N D L X X J V
```

HIDDEN TRIVIA QUESTION:

_ _ _ _ _ _ _ _ _ _ _ _ _ _ _

_ _ _ _ _ _ _ _ _ _ _ _ _ _

_ _ _ _ _ _ _ _ _ _ _ _ _ _?

87

ELIJAH GOES TO HEAVEN

2 Kings 2:9–14

And it **came to pass**, when they were gone over, that **Elijah** said unto **Elisha**, Ask what I shall do for thee, before I be **taken** away from thee. And Elisha said, I pray thee, let a double **portion** of thy **spirit** be upon me. And he said, Thou hast asked a <u>**hard thing**</u>: nevertheless, if thou see me when I am taken from thee, it shall be so unto thee; but if not, it shall not be so. And it came to pass, as they still went on, and **talked**, that, **behold**, there **appeared** a **chariot** of **fire**, and **horses** of fire, and **parted** them both **asunder**; and Elijah went up by a **whirlwind** into **heaven**. And Elisha saw it, and he cried, <u>**My father**</u>, my father, the chariot of **Israel**, and the **horsemen** thereof. And he saw him no more: and he took hold of his own **clothes**, and **rent** them in two **pieces**. He took up also the **mantle** of Elijah that fell from him, and went back, and stood by the **bank** of **Jordan**; and he took the mantle of Elijah that fell from him, and **smote** the **waters**, and said, Where is the Lord God of Elijah? and when he also had smitten the waters, they parted **hither** and thither: and Elisha went over.

```
S  H  W  H  D  E  R  A  E  P  P  A  S  A  P
R  I  I  S  R  A  E  L  T  O  N  O  S  T  A
E  T  H  M  A  N  T  L  E  R  E  E  A  R  R
T  H  B  D  I  T  S  S  B  T  V  N  P  L  T
A  E  I  C  N  E  P  H  A  I  A  A  O  L  E
W  R  M  E  C  I  A  H  A  O  E  D  T  C  D
F  I  R  E  R  J  W  N  O  N  H  R  E  L  W
D  E  I  I  N  A  L  T  R  T  O  M  O  O
L  P  T  L  H  S  T  T  R  D  S  J  A  T  E
O  E  E  A  U  O  V  E  A  I  E  E  C  H  T
H  N  W  N  I  I  T  H  O  K  H  K  S  E  O
E  B  D  R  E  L  I  S  H  A  E  W  L  S  M
B  E  A  R  E  H  T  A  F  Y  M  N  U  A  S
R  H  T  N  G  N  I  H  T  D  R  A  H  D  T
C  Y  I  N  K  H  O  R  S  E  M  E  N  G  X
```

HIDDEN TRIVIA QUESTION:

_ _ _ _   _ _ _ _ _
_ _ _ _ _ _ _ _   _ _ _   _ _ _ _
_ _   _ _ _ _ _ _   _ _ _ _ _ _ _
_ _ _ _ _ ?

88
NABOTH'S VINEYARD

1 Kings 21:1–4

And it **came to pass** after these things, that **Naboth** the **Jezreelite** had a **vineyard**, which was in Jezreel, hard by the **palace** of **Ahab** king of **Samaria**. And Ahab spake unto Naboth, saying, **Give** me thy vineyard, that I may have it for a **garden** of **herbs**, because it is near unto my **house**: and I will give thee for it a **better** vineyard than it; or, if it **seem good** to thee, I will give thee the **worth** of it in **money**. And Naboth said to Ahab, The LORD **forbid** it me, that I should give the **inheritance** of my **fathers** unto thee. And Ahab came into his house **heavy** and **displeased** because of the word which Naboth the Jezreelite had spoken to him: for he had said, I will not give thee the inheritance of my fathers. And he **laid him** down upon his bed, and **turned** away his **face**, and would eat no **bread**.

```
W  H  A  I  R  A  M  A  S  O  E  N  W  S  G
J  E  Z  R  E  E  L  I  T  E  I  O  R  N  E
E  D  S  R  E  H  O  U  S  E  R  E  M  D  A
E  E  S  H  E  A  V  Y  P  T  H  L  I  S  O
C  S  A  T  N  D  T  O  H  T  H  A  H  E  A
N  A  P  V  E  E  E  V  A  N  H  A  D  E  P
A  E  O  B  D  N  O  F  I  A  T  H  I  M  A
T  L  T  K  R  R  I  D  B  N  L  L  A  G  L
I  P  E  E  A  U  H  B  I  D  E  A  L  O  A
R  S  M  N  G  T  R  B  S  B  D  Y  S  O  C
E  I  A  E  O  E  I  B  E  Z  R  E  A  D  E
H  D  C  B  A  E  R  H  C  T  I  O  S  R  V
N  I  A  D  N  E  V  E  A  Y  T  A  F  R  D
I  N  D  X  H  X  D  I  F  N  Z  E  G  G  P
M  Y  E  N  O  M  K  X  G  K  T  R  R  M  K
```

HIDDEN TRIVIA QUESTION:

___ _____ _
____ __ ____ _
_____ _____
___ _____ ___
_____?

HAMAN

Esther 6:4–10

Now **Haman** was come into the outward court of the king's **house**, to speak unto the king to hang **Mordecai** on the **gallows** that he had **prepared** for him. And the king's **servants** said unto him, **Behold**, Haman **standeth** in the court. And the king said, Let him come in. So Haman came in. And the king said unto him, What shall be done unto the man whom the king **delighteth** to **honor**? Now Haman **thought** in his **heart**, To whom would the king delight to do honor more than to **myself**? And Haman answered the king, For the man whom the king delighteth to honor, Let the **royal apparel** be brought which the king useth to **wear**, and the **horse** that the king **rideth** upon, and the **crown** royal which is set upon his **head**: and let this apparel and horse be delivered to the hand of one of the king's most **noble princes**, that they may array the man withal whom the king delighteth to honor, and bring him on **horseback** through the **street** of the **city**, and **proclaim** before him, Thus shall it be done to the man whom the king delighteth to honor. Then the king said to Haman, Make **haste**, and take the apparel and the horse, as thou hast said, and do even so to Mordecai the **Jew**, that sitteth at the king's **gate**: let **nothing** fail of all that thou hast spoken.

```
W H A K C A B E S R O H R E T
C L E R A P P A I R C O S H C
U D L O H E B M S T Y U A T I
A G N C E T R H A A O S S E T
D M A M A O E H L H T E D T Y
E Y H L N H T D T E R A E H P
H S M O L E E E N V M L N G R
A E H I D O E A A A B N A I E
S L A I A R W N D O T O M L P
A F R R T L T S N N W S A E A
G R Y S T S C W E I E T H D R
T H O U G H T O S H J R M O E
C R O W N R M O R D E C A I D
D P R I N C E S O P E C A E I
G N I H T O N X H X G A T E W
```

HIDDEN TRIVIA QUESTION:

_ _ _ _
_ _ _ _ _ _ _ _ _ _
_ _ _ _ _ _ _ _ _ _ _ _ _ _
_ _ _ _ _ _ _ _ _
_ _ _ _ _ _ _ _?

90 MOUNT OF TRANSFIGURATION

Matthew 17:1–6

And after **six** days **Jesus** taketh **Peter**, **James**, and **John** his **brother**, and **bringeth** them up into an high **mountain** apart, and was **transfigured** before them: and his **face** did **shine** as the sun, and his **raiment** was **white** as the **light**. And, behold, there **appeared** unto them **Moses** and **Elias** talking with him. Then **answered** Peter, and said unto Jesus, **Lord**, it is good for us to be here: if thou wilt, let us make here three **tabernacles**; one for thee, and one for Moses, and one for Elias. While he yet **spake**, behold, a bright **cloud** overshadowed them: and behold a **voice** out of the cloud, which said, This is my **beloved Son**, in whom I am well pleased; hear ye him. And when the disciples heard it, they fell on their face, and were sore **afraid**.

```
W H A N T D V O B E S M T A R
S K S A I O Y R A B O D R C U
E T T D I A O S H E E C A L O
L M S C I T T M E R E N N O T
C P E P H A S N E S E T S U E
A R W E A U R W U B O L F D M
N A R H S K S F E O I M I S D
R E A E I N E L A G M E G A B
E J J O A T O J H U N E U I X
B O T E R V E T A I E C R L I
A H C T E N O S H M I A E E S
T N N D G T H S R E E F D E T
A D E R A E P P A B E S R N A
R A I M E N T H T E G N I R B
L O R D C P E T E R L E S X X
```

HIDDEN TRIVIA QUESTION:

____ ____ ____ ___
____ ___ _____
____ ____ ____
_____ _____
_____?

91

RUTH AND BOAZ

Ruth 3:8–14

And it came to pass at **midnight**, that the man was **afraid**, and **turned** himself: and, **behold**, a **woman** lay at his feet. And he said, Who art thou? And she **answered**, I am **Ruth** thine **handmaid**: spread therefore thy **skirt** over thine handmaid; for thou art a near **kinsman**. And he said, **Blessed** be thou of the Lord, my **daughter**: for thou hast **shewed** more **kindness** in the **latter** end than at the **beginning**, inasmuch as thou **followed** not <u>**young men**</u>, whether **poor** or **rich**. And now, my daughter, <u>**fear not**</u>; I will do to thee all that thou requirest: for all the city of my **people** doth know that thou art a **virtuous** woman. And now it is true that I am thy near kinsman: howbeit there is a kinsman nearer than I. **Tarry** this night, and it shall be in the **morning**, that if he will **perform** unto thee the part of a kinsman, well; let him do the kinsman's part: but if he will not do the part of a kinsman to thee, then will I do the part of a kinsman to thee, as the Lord liveth: lie down until the morning. And she lay at his feet until the morning: and she <u>**rose up**</u> before one could know another. And he said, Let it not be known that a woman came into the floor.

```
W H T T B P O R R O S E U P S
W Y H O G E L D E O E S T H G
O R G N N R H O H T F E E D N
M R I R I F G O R O T W O A I
A A N A N O S D L D E A N U N
N T D E R R P L I D E S L G N
N T I F O M O D N A W L O H I
E R M O M W I A V E M F M T G
M I P A E A M I R T T D H E E
G K E D R S R E W L I S N R B
N S T F N T D T U R N E D A A
U S A I U T P E O P L E H E H
O M K O O T H H T U R R I C H
Y E U R O F B L E S S E D B O
A S S E N D N I K Z X X N N G
```

HIDDEN TRIVIA QUESTION:

___ ____ ___
_____ __ _____
____ __ ___ _____
__ ____?

92

THE POOL AT BETHESDA

John 5:4–9

For an **angel went down** at a **certain season** into the **pool**, and **troubled** the **water: whosoever** then **first** after the troubling of the water **stepped in** was made **whole** of **whatsoever disease** he had. And a certain **man** was there, which had an **infirmity thirty** and **eight years**. When **Jesus** saw him lie, and knew that he had been now a long time in that **case**, he saith unto him, **Wilt** thou be made **whole**? The **impotent** man **answered** him, Sir, I have no man, when the water is troubled, to put me into the pool: but while I am **coming**, **another** steps down before me. Jesus saith unto him, **Rise**, take up thy **bed**, and walk. And immediately the man was made whole, and took up his bed, and **walked**.

```
W  R  E  V  E  O  S  T  A  H  W  H  Y  L  P
W  E  T  R  E  M  A  N  W  H  O  L  E  E  O
Y  W  H  D  E  R  E  W  S  N  A  O  F  G  O
T  I  G  N  I  M  O  C  W  H  C  E  J  N  L
E  L  I  W  S  A  N  O  I  Y  G  A  T  A  R
R  T  E  Y  A  W  D  N  S  B  T  R  S  T  O
U  E  T  T  H  T  F  H  N  E  O  R  N  E  R
T  E  V  O  N  I  H  I  D  U  A  E  I  D  E
S  E  L  E  R  E  D  A  B  I  T  S  E  H  H
R  E  W  M  O  E  S  L  L  O  S  K  O  S  T
I  I  I  N  P  S  E  I  P  M  L  E  R  N  O
F  T  G  P  O  D  O  M  R  A  F  A  A  T  N
Y  B  E  D  H  I  I  H  W  N  E  S  L  S  A
A  T  M  J  E  S  U  S  W  Y  E  M  A  N  E
S  X  C  E  R  T  A  I  N  R  E  T  A  W  X
```

HIDDEN TRIVIA QUESTION:

___ ____ ____ __

___ ____ ____

____ ___ _____

__ ____ ____ ___?

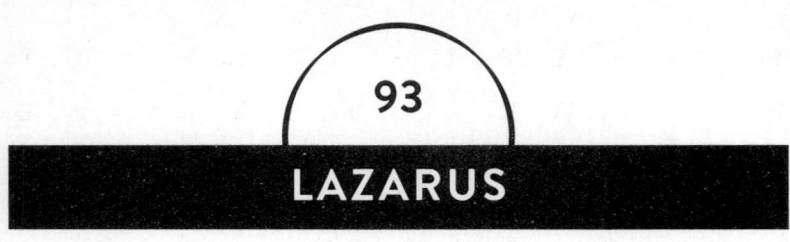

93

LAZARUS

John 11:1–7

Now a **certain** man was **sick**, named **Lazarus**, of **Bethany**, the **town** of **Mary** and her **sister Martha**. (It was that Mary which **anointed** the Lord with **ointment**, and **wiped** his **feet** with her **hair**, whose **brother** Lazarus was sick.) Therefore his sisters sent unto him, saying, **Lord**, **behold**, he whom thou **lovest** is sick. When Jesus heard that, he said, This **sickness** is not unto **death**, but for the <u>**glory of God**</u>, that the **Son** of God might be **glorified** thereby. Now Jesus loved Martha, and her sister, and Lazarus. When he had heard therefore that he was sick, he abode <u>**two days**</u> still in the same **place** where he was. Then after that saith he to his **disciples**, Let us go into **Judaea** again.

```
F R E H T O R B S Y A D O W T
S E H O W D L O H E B L O N G
S G E S E L P I C S I D D H L
E A D T N L R E T S I S E D O
N H A Z I A A S O N K R T E R
K A U T A S H B E C E L N I Y
C I N O T B D T I E O A I F O
I R D W R B E S R R E T O I F
S P F N E T O T D A N R N R G
E J L E C S S U H E M J A O O
L A Z A R U S E M A U S H L D
A R R I C V E T V D N T D G M
I N B E T E N H A O A Y A A N
W I P E D I Y E X E L X R K Z
K B R N O P A T D X F Y K F K
```

HIDDEN TRIVIA QUESTION:

___ ____ ___

_____ ____ ____

_____ _____

_____ __ _____?

CORNELIUS

Acts 10:1-8

There was a certain man in **Caesarea** called **Cornelius**, a **centurion** of the band called the **Italian band**, a **devout** man, and one that **feared God** with all his **house**, which gave much **alms** to the **people**, and **prayed** to God alway. He saw in a **vision** evidently about the ninth hour of the day an **angel** of **God** coming in to him, and saying unto him, Cornelius. And when he looked on him, he was **afraid**, and said, What is it, **Lord**? And he said unto him, Thy prayers and thine alms are come up for a **memorial** before God. And now send **men** to **Joppa**, and call for one **Simon**, whose surname is **Peter**: He lodgeth with one Simon a **tanner**, whose house is by the **sea side**: he shall tell thee what thou oughtest to do. And when the angel which spake unto Cornelius was **departed**, he called two of his household **servants**, and a devout **soldier** of them that waited on him continually; and when he had declared all these things unto them, he **sent** them to Joppa.

```
H O W C E N T U R I O N D A I
D I G O P V I S I O N L P D F
D T T E L E L P E T O P E E E
L A R A T O T S H R O Y A A S
A E D R L E T E D J A R S U S
I R E H R I E G R R E E I T T
R A P E E D A O P D N L S A N
O S A L I E P N G T E E G N A
M E R P D V L O B N W I O N V
E A T O L O D N R A A S D E R
M C E E O U T O E H N N M R E
T H D P S T C I S M G D G L S
E N S I M O N D I A R F A E A
T I L E S U O H E S O L D I L
E R S E A S I D E X X R N J B
```

HIDDEN TRIVIA QUESTION:

___ ___ ___ ____
____ __ _____ ___
_____ ____ ____
_____ _____?

95

FAITH HALL OF FAME

Hebrews 11:32–38

And what shall I more say? for the **time** would fail me to tell of **Gedeon**, and of **Barak**, and of **Samson**, and of Jephthae; of **David** also, and **Samuel**, and of the prophets: Who through **faith** subdued **kingdoms**, wrought **righteousness**, obtained promises, stopped the mouths of **lions**. **Quenched** the violence of fire, escaped the edge of the **sword**, out of weakness were made **strong**, waxed valiant in **fight**, turned to flight the **armies** of the aliens. **Women** received their **dead** raised to **life** again: and others were tortured, not accepting **deliverance**; that they might obtain a better resurrection: And others had **trial** of cruel **mockings** and scourgings, yea, moreover of **bonds** and imprisonment: They were **stoned**, they were **sawn** asunder, were **tempted**, were slain with the sword: they wandered about in sheepskins and goatskins; being **destitute**, afflicted, tormented; (of whom the world was not worthy:) they wandered in deserts, and in mountains, and in dens and caves of the earth.

```
W D E T P M E T N H D A T T S
S E I M R A S W O E W O M E S
S N A R E S E M S B M P E C E
T D S I F S M T O N O O I C N
R A A A L I L O D Y N W N S
O E A M M T T E E A G M D F U
N D U E U S D N S V E N I S O
G E F T D E O N A I I G I N E
L I E T G T O N W D H H E K T
L F A I S I T S N T H H A L H
L O F F L A M E W H T I A F G
Q U E N C H E D O O F H E B I
R E M O C K I N G S R W S E R
D E L I V E R A N C E D L E V
E N X B A R A K X T R I A L L
```

HIDDEN TRIVIA QUESTION:

____ ___ _____ ___
_____
____ __ ___ _____
____ __ ____ __
_____ _____?

96
GATEKEEPERS OF THE TEMPLE

1 Chronicles 9:22-27

All these which were **chosen** to be **porters** in the **gates** were two hundred and twelve. These were **reckoned** by their **genealogy** in their **villages**, whom **David** and **Samuel** the seer did ordain in their set **office**. So they and their **children** had the **oversight** of the gates of the house of the LORD, namely, the house of the **tabernacle**, by **wards**. In four **quarters** were the porters, toward the **east**, **west**, **north**, and **south**. And their **brethren**, which were in their villages, were to come after seven days from **time** to time with them. For these **Levites**, the four **chief** porters, were in their set office, and were over the **chambers** and treasuries of the **house** of God. And they **lodged** round about the house of God, because the charge was upon them, and the **opening** thereof every morning pertained to them.

```
W H C Y D R I S O U T H D G G
O C H A M B E R S H T N D N P
R D I V A D E C T F E S V I E
E R E S N O L R K R O I A N C
T G F T E M O O D O L N A E I
A E S S S N B L S L N U I P F
B N L E O D I R A E R E O O F
E E F W H H E G A T E S D T O
R A L H C T E W E L O D G E D
N L T E R S A N E R H T E R B
A O E O U R O V E R S I G H T
C G P M D M T P L L E O V O E
L Y R S H I A I S F O A T U H
E L E V I T E S M E R R D S A
S R E T R A U Q V E I D D E X
```

HIDDEN TRIVIA QUESTION:

___ ___ ___ _____
_____ __ _____
__ ___ _____ ___
___ _____ _____?

TABITHA

Acts 9:36-41

Now there was at **Joppa** a certain **disciple** named **Tabitha**, which by **interpretation** is called **Dorcas**: this **woman** was full of **good works** and **almsdeeds** which she did. And it came to pass in those days, that she was **sick**, and **died**: whom when they had **washed**, they laid her in an upper **chamber**. And forasmuch as **Lydda** was nigh to Joppa, and the disciples had heard that **Peter** was there, they sent unto him **two men**, desiring him that he would not **delay** to come to them. Then Peter **arose** and went with them. When he was come, they brought him into the upper chamber: and all the **widows** stood by him **weeping**, and shewing the **coats** and **garments** which Dorcas made, while she was with them. But Peter put them all **forth**, and **kneeled** down, and **prayed**; and turning him to the body said, Tabitha, arise. And she opened her eyes: and when she saw Peter, she **sat up**. And he gave her his **hand**, and lifted her up, and when he had called the saints and widows, presented her **alive**.

```
W H W P U T A S L N E M O W T
A T E L I A M E M Y A N O F A
S L E S N S K R O W D O O G P
D Y P D T A B I T H A D D A P
E C I A E N W A D S H E A L O
E H N A R L E P K O E D B I J
D A G Y P Y S M R C R P E V T
S M D E R R A W R A I C S E E
M B E H E O O L O A Y S A L R
L E L D T M T L E D G E P S E
A R E W A S H E D D I I D P S
Y I E N T B E A F O C W E T O
D R N E I T H E N S R T A A R
I S K F O R T H I D E O I N A
G O F T N A B D I R C T H A X
```

HIDDEN TRIVIA QUESTION:

____ ____ ___ __
_____ ___ _____
__ _____ _____
_____ ___ _____
__ _____?

98
ABSALOM

2 Samuel 13:23–29

And it came to pass after **two full years**, that **Absalom** had **sheepshearers** in **Baalhazor**, which is beside **Ephraim**: and Absalom **invited** all the king's sons. And Absalom came to the king, and said, **Behold** now, thy **servant** hath sheepshearers; let the king, I **beseech** thee, and his servants go with thy servant. And the king said to Absalom, Nay, my son, let us not all now go, lest we be **chargeable** unto thee. And he **pressed** him: **howbeit** he would not go, but **blessed** him. Then said Absalom, If not, I pray thee, let my **brother Amnon** go with us. And the king said unto him, Why should he go with thee? But Absalom pressed him, that he let Amnon and all the king's sons go with him. Now Absalom had **commanded** his servants, saying, **Mark** ye now when Amnon's **heart** is **merry** with **wine**, and when I say unto you, **Smite** Amnon; then **kill him**, fear not: have not I commanded you? be courageous, and be **valiant**. And the servants of Absalom did unto Amnon as Absalom had commanded. Then all the king's sons arose, and every man gat him up upon his **mule**, and **fled**.

```
E  T  I  M  S  W  H  D  L  O  H  E  B  Y  E
H  D  I  C  H  A  R  G  E  A  B  L  E  D  P
C  S  H  E  E  P  S  H  E  A  R  E  R  S  H
E  R  E  H  T  O  R  B  A  S  B  T  S  A  R
E  L  O  K  M  W  A  A  I  R  N  R  M  T  A
S  T  H  O  R  M  B  N  K  A  I  A  I  B  I
E  C  L  O  N  A  V  A  D  E  L  E  H  L  M
B  O  T  O  W  I  M  E  A  Y  H  H  L  E  I
S  M  N  N  T  B  S  H  M  L  A  L  L  S  F
B  M  R  E  A  S  E  O  O  L  H  T  I  S  H
M  A  D  M  E  V  L  I  E  U  E  A  K  E  R
E  N  A  R  U  A  R  N  T  F  F  M  Z  D  N
R  D  P  O  S  L  I  E  N  O  L  X  X  O  M
R  E  T  B  R  W  E  K  S  W  E  M  N  R  R
Y  D  A  V  A  L  I  A  N  T  D  L  K  G  B
```

HIDDEN TRIVIA QUESTION:

___ ___ _____

____ __ ____ ___

____ _____ _____?

PHILEMON

Philemon 1–7

Paul, a **prisoner** of <u>**Jesus Christ**</u>, and **Timothy** our **brother**, unto **Philemon** our dearly **beloved**, and fellow **labourer**, and to our beloved **Apphia**, and **Archippus** our fellow **soldier**, and to the **church** in thy house: **Grace** to you, and **peace**, from **God** our **Father** and the **Lord** Jesus Christ. I **thank** my God, making **mention** of thee always in my **prayers**, hearing of thy love and faith, which thou hast toward the Lord Jesus, and toward all **saints**; that the **communication** of thy **faith** may become effectual by the acknowledging of every good thing which is in you in Christ Jesus. For we have great joy and consolation in thy love, because the bowels of the saints are **refreshed** by thee, brother.

```
T W R H A T S O L D I E R F O
R I M E J E S U S C H R I S T
E R M S R R C U L A V E O R N
F P H O E U P H P I P L E E O
R M O Y T P O E U H N N D I I
S E A F I H A B I R O T R H T
E R H H A C Y L A S C S O T A
P U C T E I E B I L J H L H C
E R B C A M T R T U O M A A I
A F R T O F P H H A I E I N N
G S O N B R I E F P N N H K U
R E T W S A I N T S T T P E M
A S H T D E V O L E B I P A M
C M E D O G E N T L E O A T O
E T R E F R E S H E D N E R C
```

HIDDEN TRIVIA QUESTION:

_ _ _ _ _ _ _ _ _ _ _ _ _ _ _
_ _ _ _ _ _ _ _ _ _ _ _ _ _ _
_ _ _ _ _ _ _ _ _ _ _ _ _
_ _ _ _ _ _ _ _
_ _ _ _ _ _ _ _ _ _ _ _ _ _ _ _ ?

100
JAEL

Judges 4:17-21

Howbeit **Sisera** fled away on his **feet** to the **tent** of **Jael** the **wife** of **Heber** the **Kenite:** for there was **peace** between **Jabin** the **king** of **Hazor** and the house of Heber the Kenite. And Jael went out to meet Sisera, and said unto him, <u>**Turn in**</u>, <u>**my lord**</u>, turn in to me; <u>**fear not**</u>. And when he had turned in unto her into the tent, she **covered** him with a **mantle**. And he said unto her, **Give** me, I pray thee, a little water to **drink**; for I am **thirsty**. And she opened a **bottle** of **milk**, and gave him drink, and covered him. Again he said unto her, **Stand** in the **door** of the tent, and it shall be, when any man doth come and **enquire** of thee, and say, Is there any man here? that thou shalt say, No. Then Jael Heber's wife took a **nail** of the tent, and took an **hammer** in her hand, and went **softly** unto him, and **smote** the nail into his **temples**, and **fastened** it into the **ground**: for he was fast asleep and **weary**. So he **died**.

```
M W H D E R E V O C D O R F W
I A H A Z O R Y S J E N E A E
L E U B D J L T G E I I M S V
K O L F O T A F U I D B M T I
S R A T F T E E E R L A A E G
M W L O N A T K L H N J H N W
Y H S I R A N L E E N I I E I
L J A N A I M B E T E K N D F
O L O T R N E K E N Q U I R E
R T I D E R E E L G R O U N D
D L E D S M F C S E T O M S I
T E N T I S P E A E T I N E K
R A A X S X C L V E D K L N N
F N V Y R A E W E K P Z Z B F
D R O O D T H I R S T Y R T C
```

HIDDEN TRIVIA QUESTION:

_ _ _   _ _ _   _ _ _ _ _   _ _
_ _ _ _ _ _   _ _ _ _   _ _ _ _
_ _ _ _ _ _ _   _ _ _ _ _ _ _ ?

ANSWER KEY

1. THE GENEALOGY OF JESUS

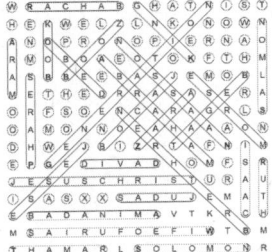

What is the well-known proper name of the mother of Solomon and wife of Urias? Bathsheba (2 Samuel 11:3)

2. GOD AND ELIJAH

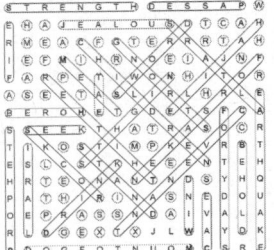

What came after the fire in a phrase that completes this passage? "a still small voice" (1 Kings 19:12)

3. JONAH

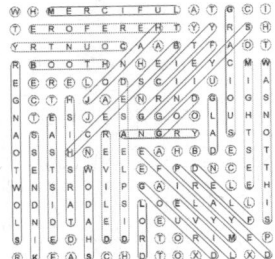

What city had the reluctant Jonah been called to preach to? Nineveh (Jonah 3:3)

4. THE ARMOR OF GOD

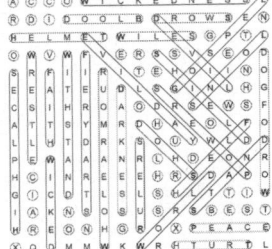

According to verse ten, how should Christians be strong? "in the Lord, and in the power of his might" (Ephesians 6:10)

5. PEACE, BE STILL

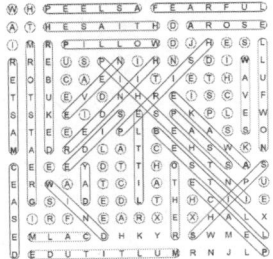

What did Jesus indicate the disciples lacked that caused their fear? faith (Mark 4:40)

6. DESCRIPTION OF JESUS

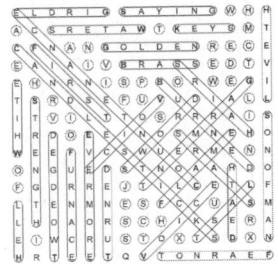

What man received this powerful vision of Jesus Christ? John (Revelation 1:1)

ANSWER KEY

7. PSALM 23

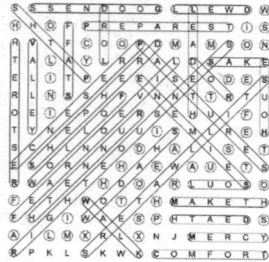

Who is commonly identified as the author of this psalm? David

8. JUDGMENT

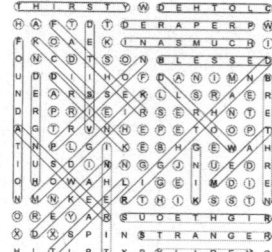

What two kinds of animals represent the people being judged in this story? sheep and goats (Matthew 25:33)

9. KORAH

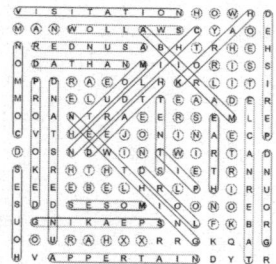

How many other Israelite leaders joined in with the rebellion of Korah? 250 (Numbers 16:2)

10. SAMSON'S RIDDLE

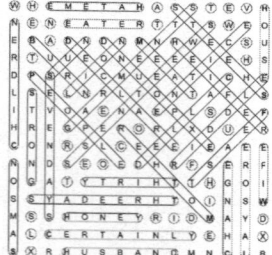

What event was the source of this riddle? Samson had killed a lion, and bees made honey in its carcass (Judges 14:8).

11. NEHEMIAH

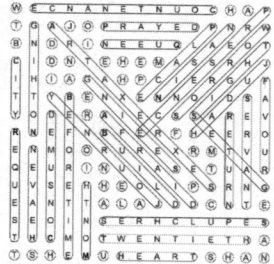

What job did Nehemiah perform in the palace at Shushan? cupbearer to the king (Nehemiah 1:11)

12. DAGON

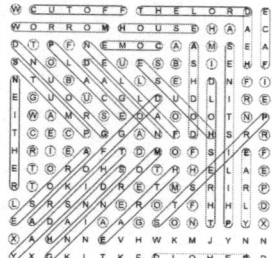

What famous Bible figure was once carried off to the temple of Dagon? Samson (Judges 16:23)

ANSWER KEY

13. JEHOIACHIN

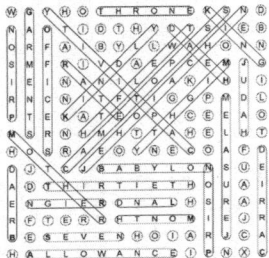

Who did the Babylonian king place on the throne of Judah after Jehoiachin? Mattaniah, whose name was changed to Zedekiah (2 Kings 24:17)

14. PRAISE

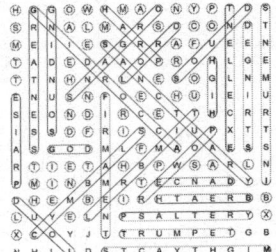

How many psalms come after the one hundred fiftieth psalm in the Bible? None—it's the last one.

15. THE LAW OF THE LORD

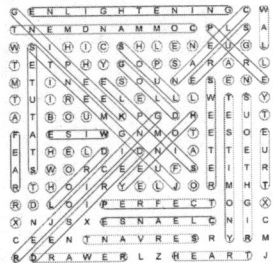

Which lengthy psalm is entirely about the law of the Lord? Psalm 119

16. PAUL AND SILAS

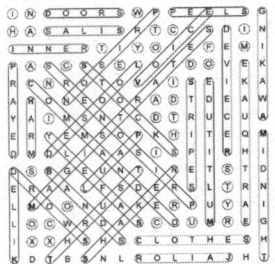

In what city of Macedonia did this story occur? Philippi (Acts 16:12)

17. THE LORD'S PRAYER

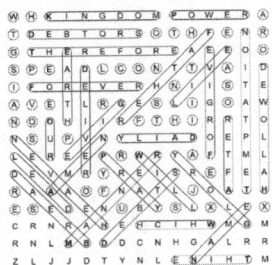

What other Gospel contains a version of this prayer of Jesus? Luke (Luke 11:1–4)

18. GEHAZI

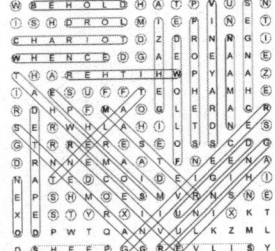

What punishment did Gehazi suffer for his greed and dishonesty? the leprosy of Naaman came upon him (2 Kings 5:27)

ANSWER KEY

19. THE NEW JERUSALEM

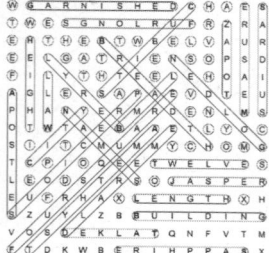

What were the twelve gates of the heavenly city composed of? pearl (Revelation 21:21)

20. THE BEATITUDES

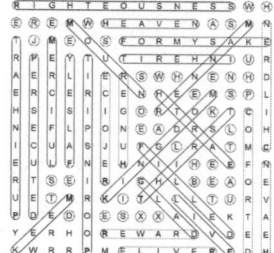

Where was Jesus when He spoke all these beatitudes? on a mountain (Matthew 5:1)

21. SAUL IS CONVERTED

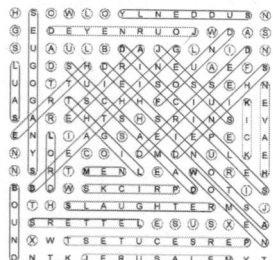

How long was Saul blind after his encounter with Jesus? three days (Acts 9:9)

22. THE VIRTUOUS WOMAN

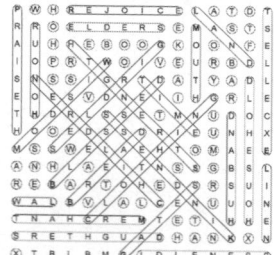

What does the book of Proverbs say a virtuous woman has greater value than? rubies (Proverbs 31:10)

23. GARDEN OF EDEN

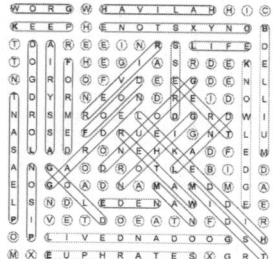

Which tree in the garden of Eden did God forbid Adam and Eve to eat from? the tree of the knowledge of good and evil (Genesis 2:17)

24. TOWER OF BABEL

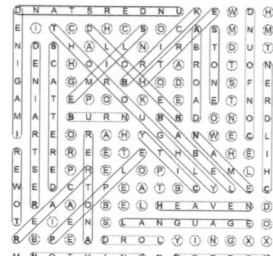

Which command that God spoke to Noah were the people at Babel disobeying? "Be fruitful, and multiply, and replenish the earth" (Genesis 9:1).

ANSWER KEY

25. JOB

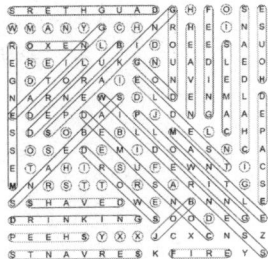

How many children did Job lose in this first tragedy? seven sons and three daughters (Job 1:2)

26. DANIEL

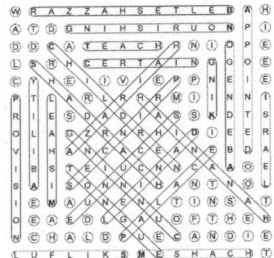

What did Daniel receive permission to eat instead of the Chaldean diet? pulse (vegetables) and water (Daniel 1:12)

27. ISRAEL'S PORTIONS

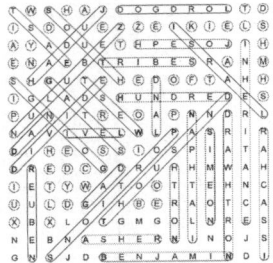

What did Ezekiel say the name of this prophesied city would be? "The Lord is there" (Ezekiel 48:35)

28. PHARAOH'S DREAM

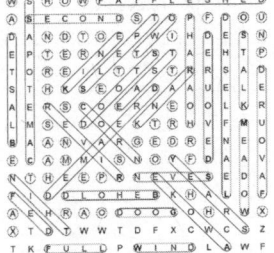

Who was found to interpret these strange dreams of the Pharaoh? Joseph, by God's wisdom (Genesis 41:16)

29. MARY AND ELISABETH

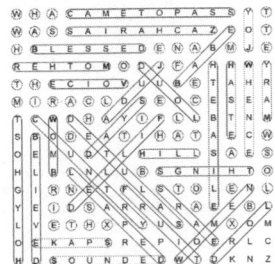

What was the name of the miracle child that was born to Elisabeth? John (the Baptist) (Luke 1:60)

30. ESTHER

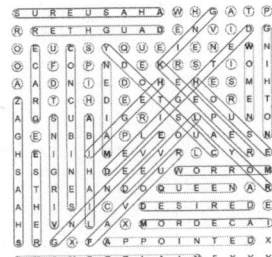

What previous queen of Persia did Esther replace? Vashti (Esther 1:11)

ANSWER KEY

31. BATTLE OF JERICHO

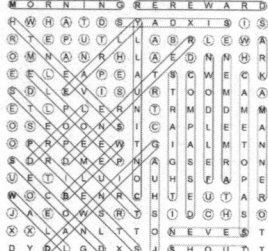

What disreputable woman had helped Israel to scout out Jericho?
Rahab (Joshua 2:1)

32. FOUR HORSEMEN

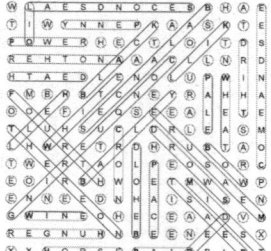

What was the total number of seals that were opened in heaven?
seven (Revelation 8:1)

33. JESUS' DISCIPLES

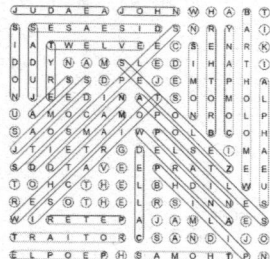

What nickname did Jesus give to the brothers James and John?
Sons of Thunder (Mark 3:17)

34. PENTECOST

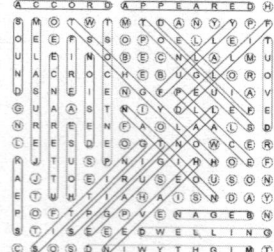

How many people became born again followers of Jesus on this day of Pentecost? three thousand (Acts 2:41)

35. HAGAR AND ISHMAEL

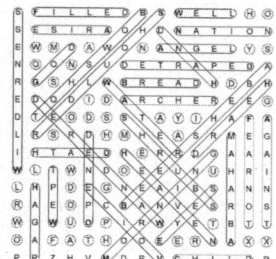

How many sons did God say Ishmael would grow up to father?
twelve (Genesis 17:20)

36. NABAL

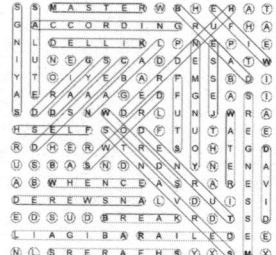

What happened to Abigail after her husband Nabal died suddenly?
She married David (1 Samuel 25:39).

ANSWER KEY

37. JESUS IN THE TEMPLE

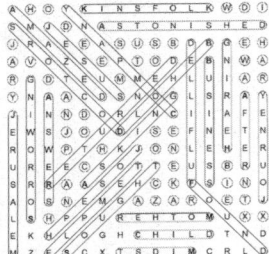

How did Jesus behave toward Mary and Joseph once back in Nazareth? He was subject to them (Luke 2:51).

38. LEAH'S SONS

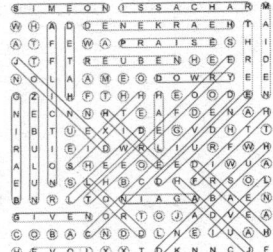

What was the name of the one daughter who was born to Jacob and Leah? Dinah (Genesis 30:21)

39. AFTER THE RESURRECTION

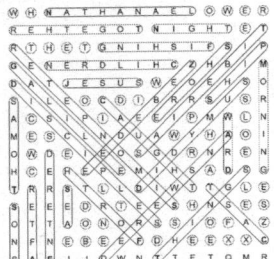

Who were the two disciples who were called the sons of Zebedee? James and John (Mark 3:17)

40. TWELVE SPIES

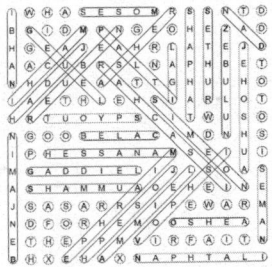

What did God grant to the two good spies as a reward for their faith? They were allowed to go into the promised land (Numbers 14:30).

41. BALAAM'S DONKEY

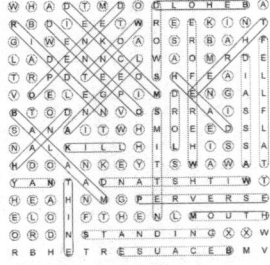

What Moabite king was Balaam traveling to visit when his donkey saw the angel of the Lord? Balak (Numbers 22:10)

42. JOSEPH'S DREAMS

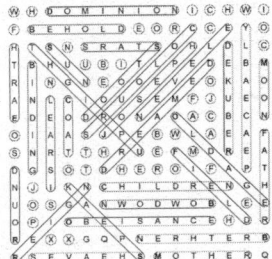

Which wife or concubine of Jacob was the mother of Joseph? Rachel (Genesis 30:22–24)

ANSWER KEY

43. THE ARK OF THE COVENANT

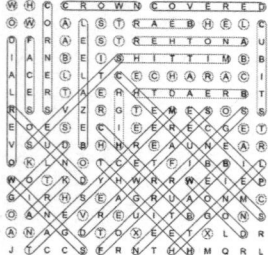

Who was the last Bible character to see the ark of the covenant? John, in a vision (Revelation 11:19)

44. ON AND OFF THE MENU

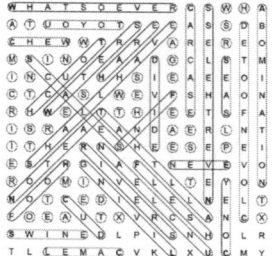

What swarming insects were the Israelites permitted to eat? locusts (Leviticus 11:22)

45. TEMPTATION OF JESUS

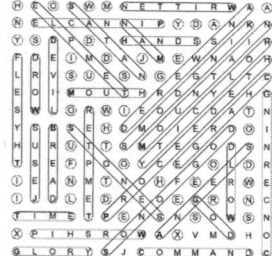

How many days did Jesus go without food in the wilderness? forty (Matthew 4:2)

46. SAMSON AND DELILAH

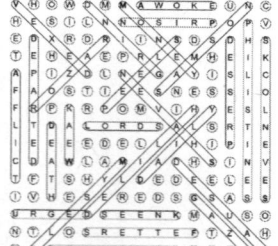

How much silver did the Philistines promise Delilah if she delivered Samson to them? eleven hundred pieces (Judges 16:5)

47. JOSEPH SOLD BY HIS BROTHERS

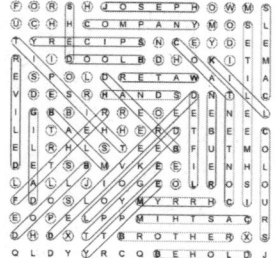

For how much money did his older brothers sell Joseph? twenty pieces of silver (Genesis 37:28)

48. THE PARABLE OF THE SOWER

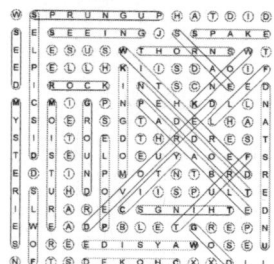

What did Jesus tell His disciples that the seed in this parable represents? the Word of God (Luke 8:11)

ANSWER KEY

49. LUKE, THE HISTORIAN

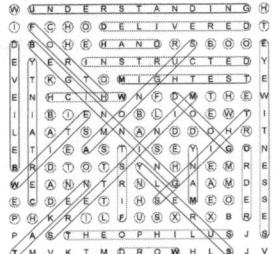

Which other book of the Bible was addressed to the man named Theophilus? Acts (Acts 1:1)

50. TRESPASS OFFERING

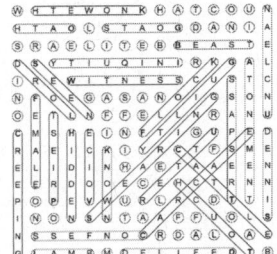

What could an Israelite bring as an offering if he could not afford a lamb? two turtledoves (Leviticus 5:7)

51. TEN LEPERS

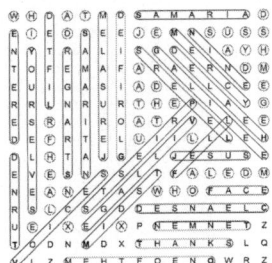

What did Jesus say had made the grateful healed man whole? his faith (Luke 17:19)

52. CHARITY...OR LOVE

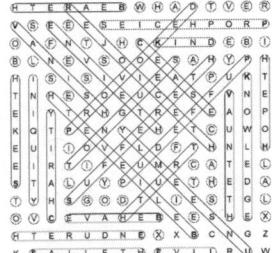

What verse of the Bible says specifically that God is love? 1 John 4:8

53. THE GOOD SAMARITAN

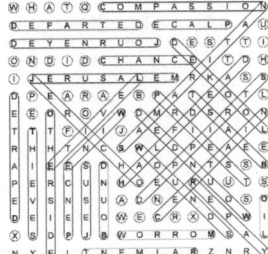

What question did this parable of Jesus answer? "Who is my neighbour?" (Luke 10:29)

54. PASSOVER

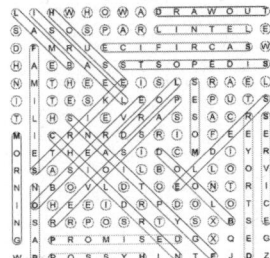

Who was spared when the Israelites put the sacrificial blood on their doorposts? the firstborn (Exodus 12:12–13)

ANSWER KEY

55. GOD'S HOLY MOUNTAIN

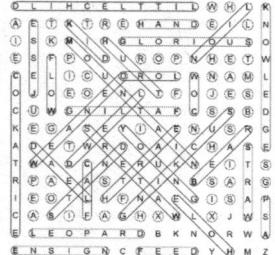

What tree-like prophetic name of Jesus begins this passage of Isaiah? "Branch" (Isaiah 11:1)

56. GOD'S SON

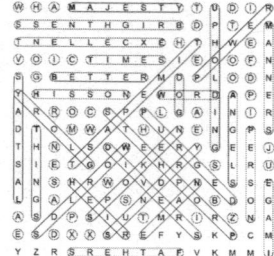

What did the voice of God proclaim when Jesus was baptized? "This is my beloved Son, in whom I am well pleased" (Matthew 3:17).

57. NICODEMUS

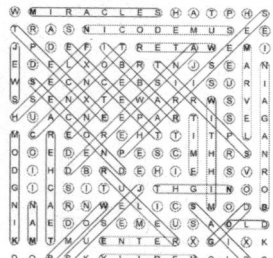

What phrase did Jesus use to describe His visitor Nicodemus? "a master of Israel" (John 3:10)

58. JUDAS

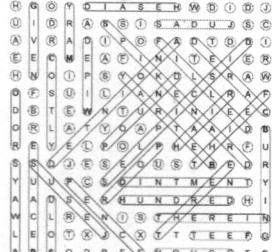

How did Judas Iscariot die after his awful betrayal of Jesus Christ? He hanged himself (Matthew 27:5).

59. SAMUEL AND SAUL

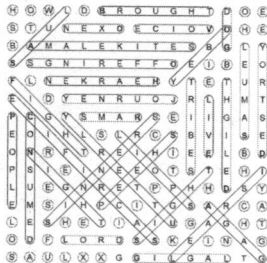

How does the Bible describe the physical height of King Saul? "From his shoulders and upward he was higher than any of the people" (1 Samuel 9:2).

60. PSALM 1

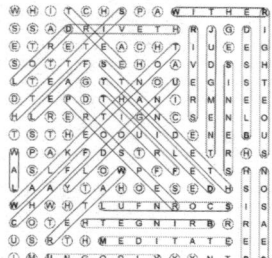

Which passage teaches that God directs the paths of those who trust Him? Proverbs 3:6

ANSWER KEY

61. WOE TO THE PHARISEES

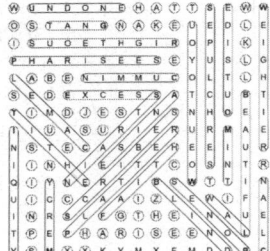

What two snakelike labels did Jesus use in criticizing the Pharisees? "serpents," "generation of vipers" (Matthew 23:33)

62. LEVIRATE MARRIAGE

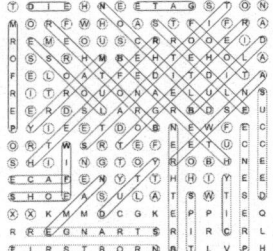

The son of what famous Israelite died for refusing to obey this law? Judah (Genesis 38:8–9)

63. ECCLESIASTES

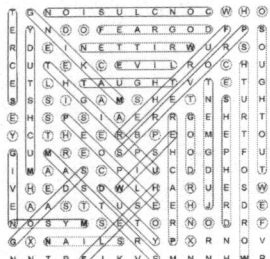

Who does Ecclesiastes say the Preacher was the son of? David, king in Jerusalem (Ecclesiastes 1:1)

64. DAVID AND GOLIATH

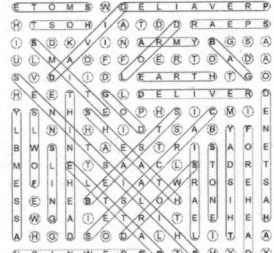

What did King Saul offer to David to help him in his battle with Goliath? his armor (1 Samuel 17:38)

65. ESAU

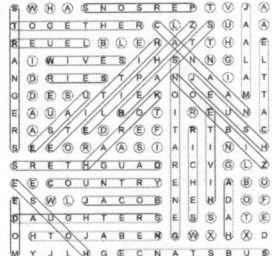

What valuable thing did Esau trade for a single bowl of stew? his birthright (Genesis 25:31–34)

66. SIMEON AND ANNA

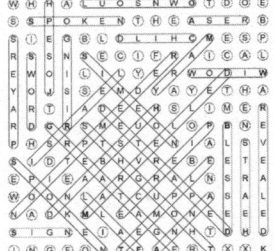

What does the Bible specifically say that Simeon had been waiting for? "the consolation of Israel" (Luke 2:25)

ANSWER KEY

67. EHUD

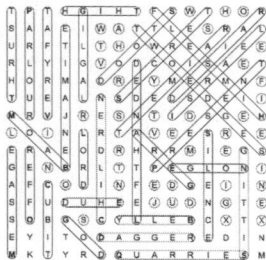

Who was the very first
deliverer mentioned in Judges?
Othniel (Judges 3:9)

68. SIMON THE SORCERER

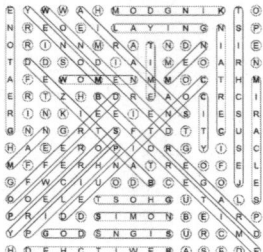

Who reprimanded Simon for thinking
the gift of God could be purchased?
Peter (Acts 8:20)

69. THE QUEEN OF SHEBA

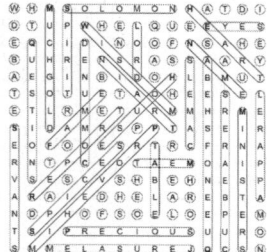

What did the queen of Sheba say about
the reports she had heard of Solomon?
"The half was not told me" (1 Kings 10:7).

70. GIDEON

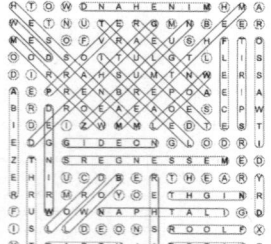

To what number of soldiers did God
reduce the army of Gideon?
three hundred (Judges 7:7)

71. WISE MEN AND HEROD

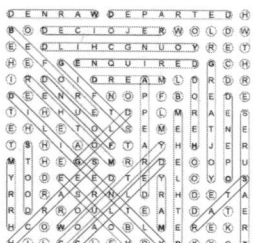

How old were the children of Bethlehem
that Herod ordered to be killed?
two years and younger (Matthew 2:16)

72. SHEPHERDS AND ANGELS

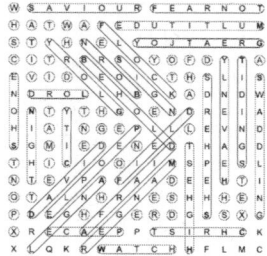

What was the city of David that the
angel mentioned to the shepherds?
Bethlehem (Luke 2:15)

ANSWER KEY

73. ANOTHER HEROD

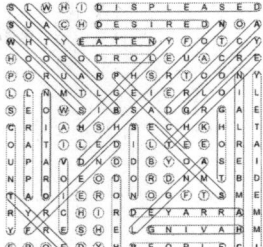

Which of the apostles was killed by order of this Herod? James, brother of John (Acts 12:1–2)

74. THE WORD

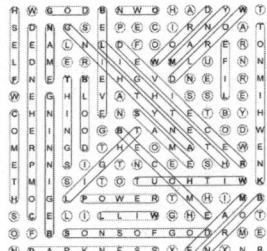

What special forerunner was sent by God to witness to this light of men? John (the Baptist) (John 1:6–8)

75. PHILIP AND THE EUNUCH

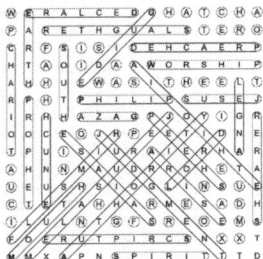

What chapter of Isaiah was the Ethiopian eunuch reading from? the fifty-third

76. THE FIERY FURNACE

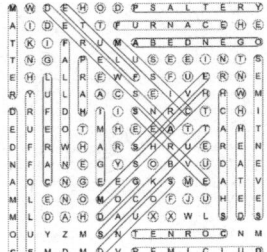

Who did the king see in the furnace with the three young men of Judah? "the Son of God" (Daniel 3:25)

77. LYING TO THE HOLY SPIRIT

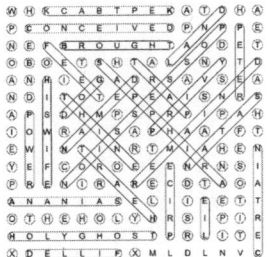

What happened to both Ananias and Sapphira after they conspired to lie to the Holy Spirit? They died and were buried (Acts 5:5–10).

78. GIBEONITES

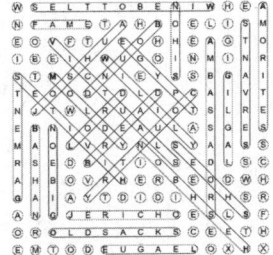

When the lie of the Gibeonites was discovered, what did Israel force them to do? cut wood and carry water for Israel (Joshua 9:21)

ANSWER KEY

79. ATHALIAH

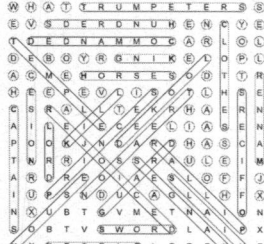

What seven-year-old boy replaced the evil Athaliah as ruler of Judah? Jehoash (2 Kings 11:21)

80. GOOD KING HEZEKIAH

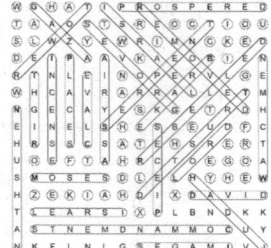

What atrociously wicked king was the father of the godly Hezekiah? Ahaz (2 Kings 16:20)

81. DAVID'S WIVES AND SONS

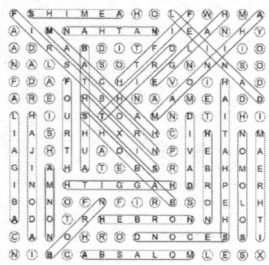

How many additional sons of David are named in this chapter of First Chronicles? nine (1 Chronicles 3:6–8)

82. FEAST OF TABERNACLES

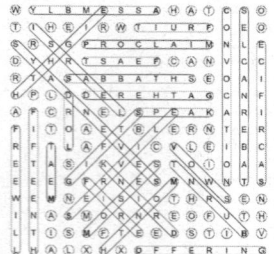

What other word can replace "tabernacles" in the name of this festival? booths (Leviticus 23:42)

83. THE DAY OF THE LORD

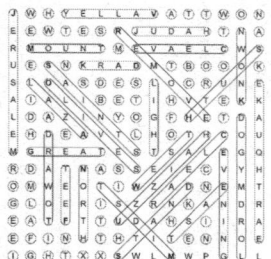

What two New Testament books describe the day of the Lord as coming like a thief in the night? 1 Thessalonians (5:2) and 2 Peter (3:10)

84. INSTRUCTIONS FOR LIVING

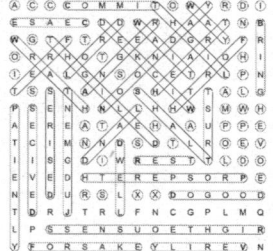

According to this psalm, what happens to evildoers? they will be cut down (verse 2) or cut off (verse 9)

ANSWER KEY

85. ADONIJAH

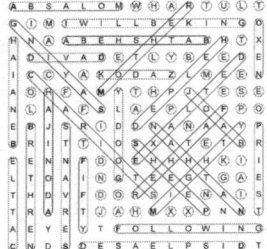

What ultimately became of the self-appointed king Adonijah? Solomon had him killed (1 Kings 2:24–25).

86. PETER IN PRISON

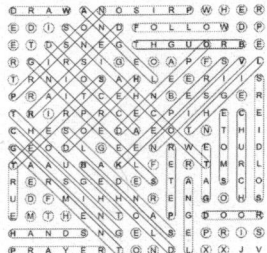

Where did Peter go after being freed from the prison? to the house of Mary, mother of John (Acts 12:11–12)

87. ELIJAH GOES TO HEAVEN

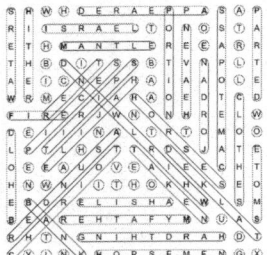

What other biblical man went to heaven without dying? Enoch (Genesis 5:24)

88. NABOTH'S VINEYARD

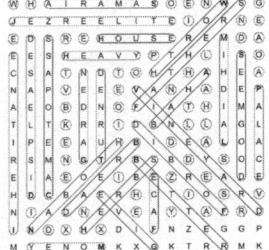

Who engineered a plot to have Naboth killed and seize his vineyard? Ahab's wife, Jezebel (1 Kings 21:5–10)

89. HAMAN

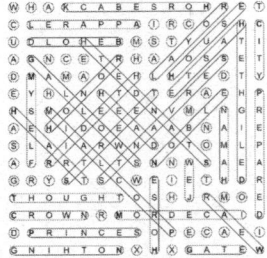

What circumstance had made Haman so angry with Mordecai? Mordecai had refused to bow to Haman (Esther 3:5).

90. MOUNT OF TRANSFIGURATION

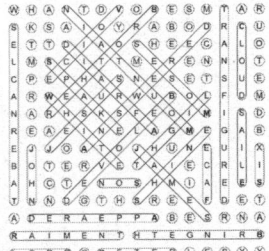

What does Mark say about the comment Peter made about erecting three tabernacles? "He wist [knew] not what to say; for they were sore afraid" (Mark 9:6).

ANSWER KEY

91. RUTH AND BOAZ

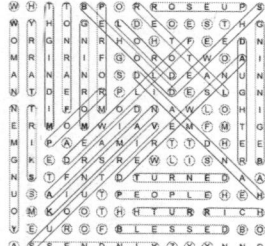

Who does the Gospel of Matthew list as the mother of Boaz? Rachab, or Rahab (Matthew 1:5)

92. THE POOL AT BETHESDA

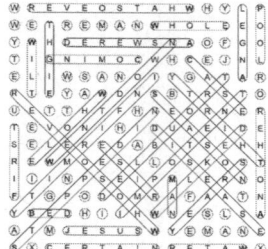

Why were many of the Jews angry about the healing of this lame man? It had occurred on the Sabbath (John 5:10).

93. LAZARUS

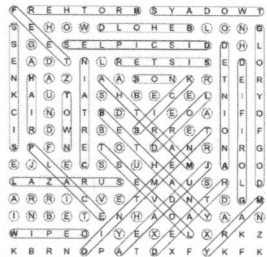

How long had Lazarus been dead before Jesus arrived in Bethany? four days (John 11:17)

94. CORNELIUS

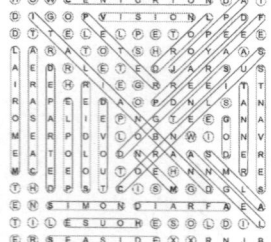

How did God tell Peter to share the gospel with this Gentile soldier? through a vision (Acts 10:9–17)

95. FAITH HALL OF FAME

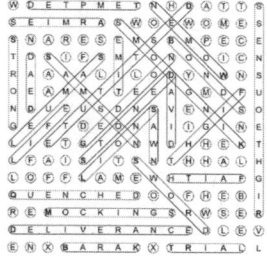

What two women are specifically named in the Faith Hall of Fame of Hebrews eleven? Sara (Sarah) and Rahab (verses 11, 31)

96. GATEKEEPERS OF THE TEMPLE

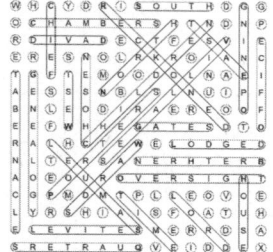

Why did God prefer Solomon as builder of the temple over his father David? because David was "a man of war, and has shed blood" (1 Chronicles 28:3)

ANSWER KEY

97. TABITHA

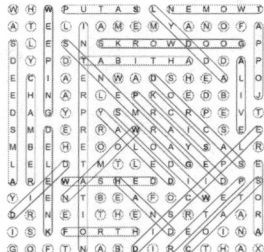

What lame man of Lydda was healed by Peter shortly before the raising of Tabitha? Aeneas (Acts 9:32–35)

98. ABSALOM

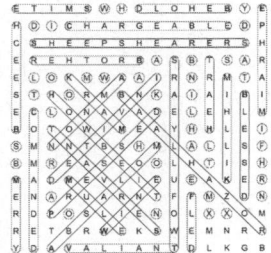

Why did Absalom want to kill his half brother Amnon? Amnon had violated Absalom's full sister Tamar (2 Samuel 14:1–20).

99. PHILEMON

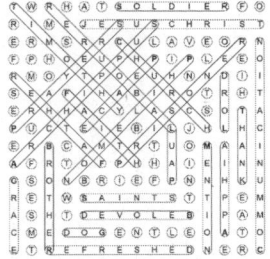

What former slave of Philemon is the subject of this brief New Testament letter? Onesimus (verses 10–12)

100. JAEL

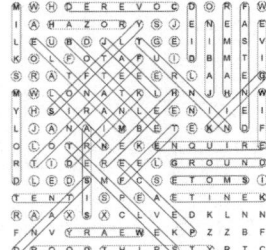

Who was judge of Israel when Jael killed Sisera? Deborah (Judges 4:4)

MORE GREAT BIBLE PUZZLES!

If you love Bible word games, this new puzzle will challenge and delight. Diamond-shaped grids contain 16 letters that can be connected to spell out words from scripture. Each puzzle provides four or five clues that the letters will solve. . . if you're sharp enough to make the right connections!

Paperback / ISBN 978-1-63609-635-3

Find This and More from Barbour
Books at Your Favorite Bookstore or
www.barbourbooks.com